EL ESPEJO ENTERRADO

A Video Series by Carlos Fuentes

Workbook/Study Guide

David Curland
University of Oregon

Juan Armando Epple
University of Oregon

Jim Heinrich
University of Oregon

McGraw-Hill, Inc.

New York   St. Louis   San Francisco   Auckland   Bogotá   Caracas
Lisbon   London   Madrid   Mexico City   Milan   Montreal   New Delhi
San Juan   Singapore   Sydney   Tokyo   Toronto

El Espejo Enterrado
A Video Series by Carlos Fuentes
Workbook/Study Guide

4567890   MAL MAL   90987

ISBN 0-07-015049-4

 This book is printed on recycled paper containing 10%post consumer waste.

This book was typed in Palatino on a Macintosh by Margaret Hines.
The editors were Thalia Dorwick, Vincent Smith, and Margaret Hines.
The cover designer was Brad Thomas.
The production supervisor was Phyllis Snyder.
The project supervisor was Kristin Swanson.
Malloy Lithographing was printer and binder.

McGraw-Hill wishes to gratefully acknowledge the Fondo de Cultura Económica, S.A. de C.V., for their assistance with this project.

Grateful acknowledgment is made for use of the following:

Photographs: *front cover*, Craig Aurness/WestLight, Chuck O'Rear/WestLight, Michael Tamborrino/FPO International; *back cover*, Public Media Incorporated; *page 10, 15, 16, 19, 21, 26, 41, 71, 111, 117, 130* © David Curland Archives; *65, 76, 93, 123, 132, 139* © Leonardo García Pabón; *5, 14, 39, 91, 96, 99, 109, 112, 125, 141* SOGETEL.

Illustrations: *page 1, 4, 7, 12, 21, 28, 30, 33, 34, 35, 36, 37, 40, 43, 45, 47, 48, 49, 51, 54, 56, 58, 60, 63, 72, 75, 79, 81, 89, 95, 102, 104, 107, 115, 116, 120* © George Gessert, Instructional Media Center, University of Oregon.

Contenido

Preface

To the Student

This student workbook is the companion to the video series *El Espejo Enterrado*, written and narrated in Spanish by the famous Mexican writer and social commentator, Carlos Fuentes. The series of five video programs takes you on a fascinating journey through five hundred years of Spanish and Latin American history. Each one-hour program contains a number of short units (called **unidades**) lasting from four to eight minutes and dealing with a specific topic.

By now in your study of Spanish you are undoubtedly aware of the rich and varied culture of the Spanish-speaking world. Too often though, the study of this culture and the study of the Spanish language become separated. In this series you will have the opportunity to expand your knowledge of Spanish while simultaneously learning a great deal about Hispanic culture, beautifully presented on film with an accompanying commentary by Carlos Fuentes.

This workbook is intended to help you understand Fuentes' commentary and the nature of the issues he discusses. You will find that preparing yourself for each unit by reading carefully the summary (**resumen**) and studying the vocabulary and phrases and thinking about the issues (**ideas para pensar**) before viewing the video itself will make Fuentes' commentary much easier to understand.

We think that using this book in conjunction with the video will add a truly exciting dimension to your continued study of the language and culture of the Hispanic peoples.

To the Instructor

Spanish teachers have always been committed to teaching culture, but too often the need to teach as much of the language itself—pronunciation, syntax—forces us to put culture on the back burner. True, most texts incorporate, to varying degrees, some cultural content, but without a visual component we are deprived of a powerful tool. Now we have a video series designed to fill the vacuum.

Written and presented by award-winning author Carlos Fuentes, *El Espejo Enterrado* was produced by SOGETEL in association with the Smithsonian Institution and Quinto Centenario España, and is distributed by Films Incorporated Video. The series, filmed separately in Spanish and English versions, should warm the heart of Spanish language teachers in both high school and college. Its five one-hour programs cover those aspects of the Hispanic heritage we inevitably try to include: history, both that of Spain and Latin America; and culture, including art, dance, music, architecture, and, of course, literature.

Documentaries can be dull, so it is important to note that the series avoids the mistake of including too much detail or dwelling too long on any topic. Fuentes himself, the narrator throughout, gives his own lively interpretation of the visual images so beautifully filmed by the Spanish production company, SOGETEL. His comments are often provocative, always informed, sometimes controversial, thus providing teachers with a good opportunity to involve students in discussion. The level of difficulty, however, is such that you should take care not to overwhelm students. The most appropriate level for the series is advanced high school and second-year college (or higher).

Another advantage of the program is that we have, from one source, a treasure trove of cultural material from which to draw: Felipe II of the Hapsburgs and his Escorial; the **Semana Santa** of Seville; the bullfight and its significance; Goya; Lorca; the Spanish Civil War; the **conquistadores** and their establishment of the Spanish colonies; the near destruction of the ancient Native American cultures; the independence movements of the 19th century; and the multicultural nature of all of Latin America and of the United States.

The series was originally conceived as the centerpiece of the Smithsonian's quincentenary activities, but it is obvious that it will make an important contribution to the teaching of Hispanic culture for many years.

WHAT DO THE FIVE PROGRAMS OF *EL ESPEJO ENTERRADO* CONTAIN?

Program I: La virgen y el toro

Carlos Fuentes looks for his forebears in the mix of people that created Latin America: Spanish, Arab, Jewish, Indian, and African. He asks what is unique in their culture that is cause for celebration of the 500th anniversary year of Columbus. His quest takes him from Veracruz, where the **conquistadores** landed, to the Caribbean, and back to Spain: to the dark caves of Altamira, the harsh sunlight of the bullring, and the stamping feet of the flamenco dancer.

Program II: La batalla de los dioses

Fuentes, beginning with the rediscovery of the ancient Aztec temples beneath the central square of modern Mexico City, retraces the Indian world through their magnificent pyramids and sculpture, their precise astronomy, their human sacrifice, passing through extremes of serenity and violence. The return of their blond, exiled God **Quetzalcóatl** was forecast for the very year Cortés reached their shores.

Program III: La edad de oro

From the Americas came enormous treasures to Spain and Europe: gold, silver, chocolate, the tomato, the potato. While Spain's most powerful ruler, Philip II, living in austere solitude, sought to protect the Catholic faith, Cervantes questioned all values in *Don Quijote*, and Velázquez painted masterpieces of psychological penetration. Indian artisans transformed Europe's Baroque style into a uniquely indigenous art form in the magnificent churches of Potosí and Ocotlán.

Program IV: El precio de la libertad

Every year, a million Mexicans gather in the great central square of their capital to celebrate **El Grito**, the cry for independence. Fuentes crosses the Andes in the steps of the liberators Bolívar and San Martín, who succeeded in throwing off the Spanish yoke but found it impossible to establish a just society after gaining independence. For the gaucho there was the consolation of the open spaces, the mountains, the plains. And for those crowding into the new cities like Buenos Aires, there was the tango.

Program V: Las tres hispanidades

Spain, Latin America, and the Hispanic communities in the United States have all undergone enormous changes in this century. Within the lifetime of those born now, a large percentage of the population of the United States will be Spanish-speaking. Every year, half a million brave the border patrols to enter the United States illegally, looking for the "Gringo gold" but bringing with them "Latino gold," the rich cultural traditions in art, music, dance, respect for family ties—all distinct hallmarks of the Spanish-speaking world.

HOW ARE THE PROGRAMS STRUCTURED?

While each one-hour program has an underlying theme or period, the **unidades**, lasting 4 to 8 minutes, deal with specific topics. The programs proceed without interruption. There are no titles or pauses. You can become familiar with the topics covered in each program by following the order of presentation indicated in the video transcript. It is highly recommended that you focus on one **unidad** at a time. Presenting the video in short segments, especially when the language is challenging, makes it more digestible and also more convenient for use in the classroom. There will also be more time for repetition. Showing all, or almost all, of a program at one time, even if the schedule permits, would defeat the purpose of this book, which is to assist the student in absorbing vocabulary and content through in-depth study.

HOW IS THIS WORKBOOK ORGANIZED?

This book follows exactly the order of the video presentation. The division into **unidades** accurately reflects the topics discussed on video. Each of these topics forms the basis for the corresponding **unidad** in this book.

Resumen

The **resúmenes** are generally short paragraphs intended to prepare the student for the main theme. They should be read aloud in class prior to showing the video. We have kept the language simple and direct. An awareness by your students of what to expect in broad outline is an excellent way to prepare them to understand Fuentes' commentary.

Antes del video

Carlos Fuentes employs a rich and varied vocabulary in his narration. Clearly, teachers will not expect students to master every word he utters. We have selected a small number of key words and phrases that are basic to the units and also of generally frequent use. These short vocabulary lists should be committed to memory by students, preferably in contextualized fashion (sentences, if possible derived from the video, in which you illustrate meaning). Familiarity with this vocabulary will provide the "signposts" through the narration that students need to avoid the frustration of not grasping ideas because of language which is unfamiliar to them.

Para pensar antes de mirar

Even when language is not complex, the ideas expressed by Fuentes may be unfamiliar to students. We have suggested a few ways of preparing students for these concepts. If you have already seen the video segment, you may very well have additional ideas of your own that you want students to consider *before* viewing the unit.

Después del video

There are post-viewing exercises of various types intended to provide a check on comprehension. One kind of exercise (**Conexiones**) is based on exact quotations from the videoscript.

Más adelante

These exercises invite students to express their own opinions. They will require slightly longer (usually written) answers. They may also be used to stimulate group discussion. This section may have special appeal to more advanced students, either in the classroom or working independently.

Lecturas sugeridas

These are recommended sources for more information on the topic.

End Vocabulary

An end vocabulary (Spanish-English) provides a handy reference to much of the vocabulary used in the narration.

This series contains a wealth of material. Students will be challenged at times, but experience shows that video images can make otherwise difficult language quite comprehensible. With the use of this book, *El Espejo Enterrado* can become an invaluable and accessible resource.

Carlos Fuentes

Carlos Fuentes es uno de los escritores más importantes de
la literatura contemporánea de Latinoamérica. Nació en la
ciudad de Panamá en 1928. Sus padres fueron Nerta
Macías y el diplomático mexicano Rafael Fuentes
Boettiger. Entre 1934 y 1940 vivió en Washington, D.C.,
donde aprendió el idioma inglés asistiendo a una escuela
pública. Entre 1940 y 1944 estudió en escuelas secundarias
de Buenos Aires y Santiago de Chile. Fue en Chile donde
publicó sus primeros relatos en una revista estudiantil.

Realizó sus estudios de leyes en la Universidad
Nacional Autónoma de México y después en el Instituto de
Altos Estudios de Ginebra, Suiza. Su trabajo como
diplomático, periodista, catedrático y, particularmente,
como escritor, le ha permitido visitar los principales países
de Latinoamérica y del Viejo Mundo.

Su vasta obra narrativa representa una búsqueda del
fundamento histórico de su país natal, México, de América
Latina y de los dilemas de la modernidad. Sus obras más
destacadas son: *La región más transparente* (1958), *Las buenas
conciencias* (1959), *La muerte de Artemio Cruz* (1962), *Aura*
(1962), *Zona sagrada* (1967), *Cambio de piel* (1967), *Terra
nostra* (1975), *La cabeza de la hidra* (1978), *Gringo viejo* (1985),
Constancia y otras novelas para vírgenes (1989), *Cristóbal
nonato* (1987) y *La campaña* (1990).

Es autor también de importantes libros de ensayos,
como *La nueva novela hispanoamericana* (1969), *Tiempo
mexicano* (1971), *Cervantes o la crítica de la lectura* (1976),
Latin America: At War with the Past (1985), *Myself with
Others* (1988), *Valiente Mundo Nuevo* (1990) y *El Espejo
Enterrado* (1992).

Entre los galardones que ha obtenido por su obra literaria destacan el Premio Nacional de Literatura
de México (1984), el Premio Rómulo Gallegos (1977) y el Premio Miguel de Cervantes (1987), este último
considerado equivalente al Premio Nobel en la literatura en lengua castellana.

Su pasión por el cine se ha expresado a la vez en artículos especializados, en su contribución como
guionista de varias películas y en su participación como jurado en los festivales de cine de Venecia (1967)
y Cannes (1977). *Gringo viejo* ha sido adaptado al cine por el director Luis Puenzo, protagonizado por Jane
Fonda y Gregory Peck.

Desde mediados de la década del setenta ha visitado numerosas universidades norteamericanas,
entre ellas Harvard, Princeton, Columbia y la de Pennsylvania, como profesor invitado o como
conferencista.

La serie en video de *El espejo enterrado* ha salido en dos versiones, semejantes pero no idénticas, ambas
escritas y narradas por Carlos Fuentes. Este texto acompaña la versión española.

About the Authors

David Curland is Director of the Foreign Language Resource Center at the University of Oregon where he has taught Spanish since 1966. He is the author/editor of United States textbooks for numerous BBC foreign language video series and is the Foreign Language Editor for Films, Inc., distributor of the video series *El Espejo Enterrado*. He has also directed national institutes sponsored by the National Endowment for the Humanities for foreign language high school teachers.

Juan Armando Epple is a distinguished Latin American writer and critic. He is Associate Professor of Spanish at the University of Oregon, where he teaches Spanish American and Chicano literatures. He received his Licenciatura from the Austral University of Chile in 1972 and his PhD. from Harvard University in 1980. He has published numerous articles on Latin American and Hispanic literatures, as well as several anthologies of short fiction, including *Cruzando la cordillera* (1986), *Brevísima relación del cuento breve de Chile* (1989), and *Brevísima relación, Antología del micro-cuento hispanoamericano* (1990).

Jim Heinrich teaches Spanish language and composition at the University of Oregon, where he has served as Coordinator of the second-year language program and as Director of study-abroad programs in Mexico and Spain. He has developed community education language programs for police and firefighters and has designed and published numerous Spanish learning programs for computer and multi-media.

Acknowledgments

The authors wish to acknowledge their gratitude to the following:

Noble Goss for his indispensable and professional word-processing, Professor Leonardo García-Pabón for his useful insights and suggestions, and the editors of McGraw-Hill for their essential contribution.

David Curland
Juan Armando Epple
Jim Heinrich

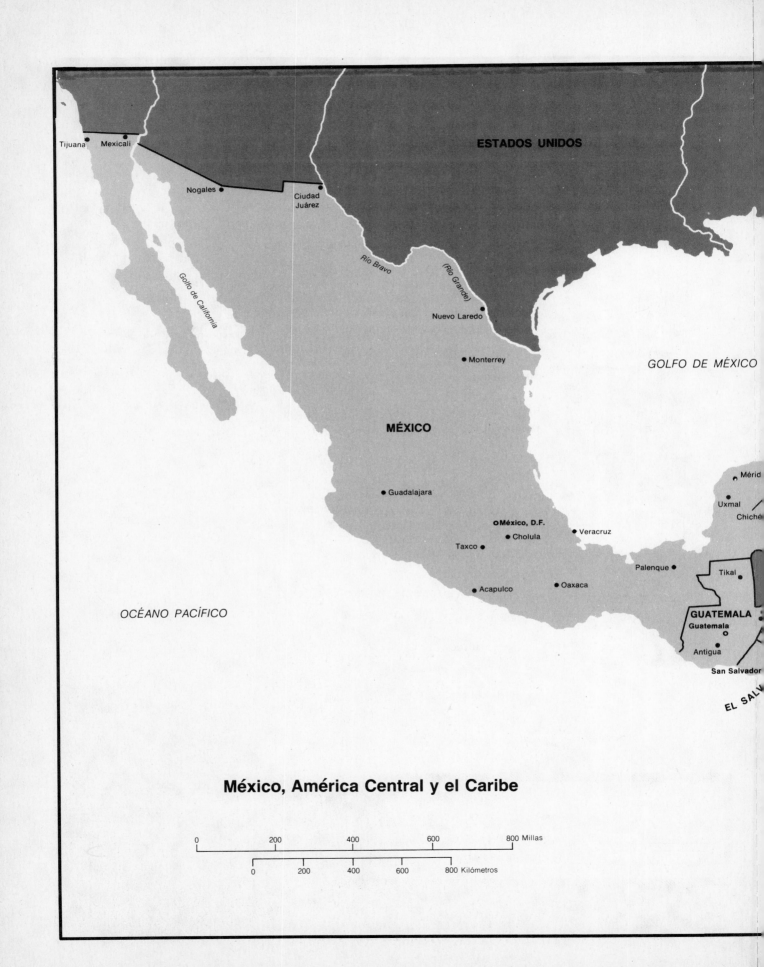

ESTADOS UNIDOS

Tijuana • Mexicali •

Nogales •

Ciudad
Juárez •

Río Bravo

(Río Grande)

Nuevo Laredo •

Golfo de California

• Monterrey

GOLFO DE MÉXICO

MÉXICO

• Guadalajara

○ Mérid

Uxmal □

Chiché

○ México, D.F.

• Cholula

• Veracruz

Taxco •

• Acapulco

• Oaxaca

Palenque •

Tikal □

OCÉANO PACÍFICO

GUATEMALA
Guatemala
●
○

Antigua •

San Salvador

EL SALV

México, América Central y el Caribe

| 0 | 200 | 400 | 600 | 800 Millas |

| 0 | 200 | 400 | 600 | 800 Kilómetros |

MAR CARIBE

Barranquilla
Cartagena ●

Lago de
Maracaibo

● Caracas

OCÉANO ATLÁNTICO

VENEZUELA

Río Orinoco

GUYANA

SURINAM

GUAYANA
FRANCESA

Río Magdalena

Manizales ●

○ Bogotá

COLOMBIA

Cali ●

Otavalo ●

ECUADOR

ECUADOR

○ Quito

Iquitos ●

Río Amazonas

Cajamarca ●

PERÚ

BRASIL

Machu Picchu ●

Písac ●

Lima ○

Cuzco ●

Ayacucho ●

Lago
Titicaca

BOLIVIA

○ La Paz

○ Brasilia

○ Sucre

Potosí ●

PARAGUAY

Río Paraná

Salta ●

Asunción ○

Río de Janeiro ●

OCÉANO PACÍFICO

Iguazú ●

Río Uruguay

URUGUAY

Santiago ○

Montevideo ○

Buenos Aires ○

Punta del Este ●

OCÉANO ATLÁNTICO

CHILE

Río de la Plata

ARGENTINA

América del Sur

Temuco ●

| 0 | 200 | 400 | 600 | 800 Millas |

| 0 | 200 | 400 | 600 | 800 Kilómetros |

Estrecho de Magallanes

TIERRA DEL FUEGO

La virgen y el toro

Cristóbal Colón

Resumen

Carlos Fuentes describe la crisis que se vive en América Latina 500 años después de la llegada de Colón al hemisferio occidental. Afirma que a pesar de estos problemas, la cultura que los latinoamericanos han sido capaces de crear durante estos quinientos años es digna de celebrarse y estudiarse.

Antes del video

VOCABULARIO

el acontecimiento	*important event*	la población	*town, settlement*
el desarrollo	*development*	el recurso	*resource*
la deuda	*debt*	el riesgo	*risk*
el fracaso	*failure*	el sentimiento	*feeling*
el paraíso	*paradise*		
capaz	*capable*	extranjero/a	*foreign*
escaso/a	*scarce*	salvaje	*savage*
debido a	*due to, because of*		
amenazar (c)	*to threaten*	desembarcar (qu)	*to disembark*
derrumbarse	*to collapse*	encadenar	*to chain*

FRASES UTILES

A pesar de todos nuestros fracasos...   *In spite of all our failures . . .*
Mandó construir las primeras iglesias...   *He ordered the first churches built . . .*
Se nos pidió celebrar...   *We were asked to celebrate . . .*
...sí tenemos algo que celebrar...   *. . . we do have something to celebrate . . .*

PARA PENSAR ANTES DE MIRAR

1. ¿Qué sabe Ud. de Cristóbal Colón?
2. ¿A qué se llamó el «Quinto Centenario»?

Después del video

A. Busque el sinónimo y ponga la letra correspondiente.

   c 1. **población**   a. región   b. pueblo   c. ciudad

C 2. **paraíso**   a. lugar ideal   b. selva   c. jardín

b 3. **deuda**   a. ganancia   b. dinero que se debe   c. impuestos

b 4. **desarrollo**   a. desempleo   b. crecimiento   c. disminución

B. ¿Verdadero (V) o falso (F)?

V 1. Cristóbal Colón desembarcó en una isla del hemisferio occidental el 12 de octubre de 1492.

F 2. Debido a Colón el buen salvaje se encontró encadenado pocos años después del descubrimiento.

F 3. Hoy en día hay una profunda crisis en Latinoamérica a causa del racismo.

F 4. El aspecto más duradero en Latinoamérica ha sido los sistemas políticos.

V 5. Carlos Fuentes cree que sí hay algo que celebrar.

C. Indique con «X» las causas de la crisis en Latinoamérica.

X 1. deuda extranjera   ___ 6. contaminación atmosférica

___ 2. escasos recursos naturales   X 7. inflación

X 3. frustración   X 8. democracias frágiles

___ 4. corrupción   X 9. desempleo

X 5. pobreza   ___ 10. falta de voluntad

D. Complete las oraciones con las palabras de la lista.

1. Los latinoamericanos son descendientes de

    ___indios___ , ___negros___ y

    europeos.

2. La celebración del descubrimiento trata de temas que conciernen

    íntimamente a Carlos Fuentes como ___patriota___ ,

    ___escritor___ y ciudadano.

3. Colón estableció las primeras ___españolas___

    europeas en el Nuevo Mundo.

escritor
escuelas
españoles
hombre
indios
mexicano
negros
patriota
poblaciones

Más adelante

PREGUNTAS

1. ¿Qué importancia tiene el «descubrimiento» de América?
2. ¿Qué imagen se formó Colón de los indígenas al verlos por primera vez?
3. ¿Cuáles son los principales problemas económicos y sociales que tiene hoy Latinoamérica?

SU OPINION PERSONAL

1. Colón creyó que los indígenas eran seres simples y buenos y que vivían en armonía con la naturaleza. ¿Cree Ud. que esta imagen del «buen salvaje» se sigue presentando en nuestra época? ¿Puede dar un ejemplo?
2. De los problemas latinoamericanos que nombra Carlos Fuentes, ¿cuál cree Ud. que debería solucionarse primero? ¿Por qué?
3. Escriba una composición de media página describiendo cómo imagina Ud. una sociedad perfecta.

PARA COMENTAR

1. En el Quinto Centenario del descubrimiento de América, ¿hay algo que celebrar en los Estados Unidos?
2. La sociedad norteamericana también tiene problemas. ¿Son distintos de los que vive Latinoamérica? ¿Cuáles son los más graves?

LECTURA SUGERIDA

Cristóbal Colón, *Los cuatro viajes del Almirante y su testamento*. Madrid: Espasa-Calpe, 1982. (Colección Austral). Ver «Primer viaje», jueves 11 de octubre y sábado 13 de octubre, pp. 28-132.

U N I D A D 2

Introducción personal

Resumen

Carlos Fuentes está en el café La Parroquia, en el puerto de Veracruz. Recuerda a sus antepasados y destaca el carácter multirracial de la civilización del Nuevo Mundo. Explica que España estaba formada por varias culturas.

Antes del video

VOCABULARIO

el/la antepasado/a	*ancestor*	el estrecho	*strait*
el aporte	*contribution*	el/la judío/a	*Jew*
la bisabuela	*great-grandmother*	la ola	*wave*
el/la ciudadano/a	*citizen*	el sueño	*dream*
ligero/a	*light*	norteño/a	*northern*
mestizo/a	*of mixed race*	pesado/a	*heavy*
a veces	*sometimes*	sin embargo	*nevertheless*
en busca de	*in search of*		
arrojar	*to throw*		

FRASES UTILES

Tanto mi padre como mi abuelo...
Mi abuelo solía venir todos los días...
Es decir, que todos nosotros...
A menudo visitaba a mis abuelos aquí...

My father as well as my grandfather . . .
My grandfather used to come every day . . .
That is to say, all of us . . .
I often visited my grandparents here . . .

PARA PENSAR ANTES DE MIRAR

1. ¿Dónde queda España? ¿A qué continente pertenece?
2. ¿En qué grandes zonas se divide el continente americano, llamado el «Nuevo Mundo»?

Después del video

A. ¿A qué lugar se refiere cada explicación?

_b_ 1. estrecho entre Asia y Norteamérica
_d_ 2. antiguo café del puerto jarocho
_g_ 3. estado norteño de México
_i_ 4. puerto importante en el Golfo de México
_c_ 5. mar entre Europa y Africa
_a_ 6. región de España
_f_ 7. isla cerca de Italia

a. Andalucía
b. Bering
c. Mediterráneo
d. La Parroquia
e. ~~París~~
f. Sicilia
g. Sonora
h. Titicaca
i. Veracruz

B. Complete las oraciones con las palabras de la lista.

1. La cultura española no es sólo cristiana, sino también _árabe_ y _judía_.

2. Todos somos _descendientes_ de inmigrantes llegados de otras partes.

3. Los latinoamericanos son algo más que españoles, sobre todo son _mestizos_.

4. Una sociedad que incluye muchas razas es _multirracial_.

árabe
descendientes
francesa
independiente
inglesa
judía
mestizos
multirracial
nuevo

C. Indique con «X» los nombres de los que *no* formaban parte de la cultura ibérica.

✓ 1. alemanes   ✓ 5. griegos   9. judíos
2. árabes   6. indios   10. negros
3. españoles   ✓ 7. ingleses   ✓ 11. rusos
✓ 4. franceses   ✓ 8. japoneses   ✓ 12. turcos

Más adelante

PREGUNTAS

1. ¿Por qué es el café La Parroquia un sitio especial para Carlos Fuentes?
2. ¿De dónde eran los bisabuelos de Carlos Fuentes?
3. ¿Qué culturas componen la civilización española?

SU OPINION PERSONAL

1. Describa un lugar que le evoque a Ud. un recuerdo familiar especial.
2. Escriba una breve composición contando el origen de sus antepasados cercanos.

3. En la cultura hispanoparlante el árbol genealógico se define de la siguiente manera.

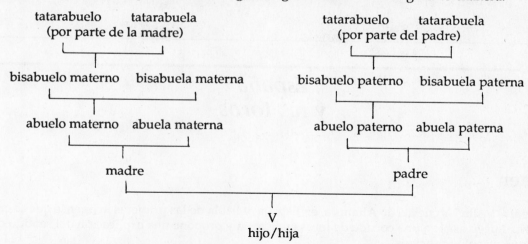

tatarabuelo   tatarabuela
(por parte de la madre)

tatarabuelo   tatarabuela
(por parte del padre)

bisabuelo materno   bisabuela materna

bisabuelo paterno   bisabuela paterna

abuelo materno   abuela materna

abuelo paterno   abuela paterna

madre

padre

V
hijo/hija

La historia de la familia de cada persona es diferente. ¿Cómo es su árbol genealógico?

PARA COMENTAR

1. Carlos Fuentes afirma que todos los que vivimos en el Nuevo Mundo somos inmigrantes. Escriba un párrafo expresando su opinión apoyando o rechazando esta afirmación.
2. El escritor mexicano también afirma: «América es un continente multirracial». ¿Se puede aplicar esta noción en el mismo sentido a la sociedad norteamericana?
3. En la sociedad norteamericana se reconocen oficialmente varios grupos étnicos (caucasianos o de origen europeo, afroamericanos, indoamericanos, hispanos y asiáticos). Elija el grupo étnico que conozca mejor y comente su aporte a la cultura norteamericana.

España
y los toros

Resumen

Carlos Fuentes visita las cuevas de Altamira, en España, y habla de las primeras imágenes que se crearon de los toros. Luego asiste a una corrida de toros en España y propone una explicación del sentido que tiene este espectáculo tradicional.

Antes del video

VOCABULARIO

la cicatriz	scar	el muro	wall
la corrida	bullfight	el nivel	level
la culpa	fault, blame	la orilla	shore
la frontera	border	la tauromaquia	bullfighting
la llanura	plains		
audaz	bold, daring	perdurable	lasting
bravo/a	wild, fierce	sagrado/a	sacred
acaso	perhaps		
arrancar (qu)	to yank, pull	compartir	to share
arriesgar (gu)	to risk	cornear	to gore
asistir a	to attend	embestir (i, i)	to attack
asustar	to frighten	huir (y)	to flee

FRASES UTILES

Hace falta un espacio... *A space is necessary . . .*
Y saberlo es algo que daña... *And knowing it is something that hurts . . .*
Se trata de un vulnerable entusiasmo. *It deals with a vulnerable enthusiasm.*

PARA PENSAR ANTES DE MIRAR

1. ¿En qué países se realizan corridas de toros?
2. ¿En qué consiste una corrida de toros?

Después del video

A. Busque el sinónimo y ponga la letra correspondiente.

_c_ 1. **rito** *ritual*   a. ritmo   b. cosa escrita   c. ceremonia

_c_ 2. **fuerza**   a. debilidad   b. acción   c. poder

_a_ 3. **cicatriz**   a. marca   b. insecto   c. espada

B. ¿Verdadero (V) o falso (F)?

_V_ 1. Existen en España dibujos del toro hechos hace más de 20.000 años.

_F_ 2. La plaza de toros es un lugar privado, exclusivo de la aristocracia.

_F_ 3. Los iberos llegaron a España hace 300 años.

_V_ 4. El **traje de luces** es la ropa ceremonial del matador.

_F_ 5. Los matadores eran hijos de reyes.

_V_ 6. Según Carlos Fuentes, la corrida de toros es una fiesta de arte y valor.

_V_ 7. Casi siempre se mata al toro en la corrida de toros.

_F_ 8. La corrida de toros demuestra la mortalidad del hombre y la inmortalidad del toro.

C. Indique con «X» cuáles de los siguientes conceptos simbolizan el toro para los españoles.

____ civilización   _✓_ fuerza *strength*   _✓_ poder *power*

____ alimentación   _✓_ muerte *feeling*   ____ religión

_✓_ fertilidad   ____ naturaleza *nature*   _✓_ vida

D. ¿Cuáles de estos pueblos invadieron la península ibérica? Identifíquelos con «X».

_✓_ los cartagineses   _✓_ los griegos   _✓_ los romanos

_✓_ los celtas   _✓_ los iberos   ____ los vándalos

_✓_ los fenicios   ____ los moros   ____ los visigodos

Más adelante

PREGUNTAS

1. ¿Por qué dice Carlos Fuentes que la plaza de toros es «el primer lugar común de España»?
2. ¿Qué simboliza la corrida de toros?
3. Generalmente, ¿de qué origen social son los matadores?

SU OPINION PERSONAL

1. La tauromaquia ha sido definida como un «arte». Exprese su opinión sobre esta afirmación.
2. Escriba una breve composición donde describa la corrida de toros desde el punto de vista del toro.
3. Describa un deporte nacional de los Estados Unidos y explique por qué es popular.

PARA COMENTAR

1. Exprese su opinión a favor o en contra de esta afirmación de Carlos Fuentes: «El matador es el protagonista de una ceremonia que rememora nuestra violenta supervivencia humana a expensas de la naturaleza. El toro es sacrificado porque el toro es sagrado. España nos obliga a mirar claramente este hecho: sobrevivimos porque matamos a la naturaleza. No podemos evadirnos de esta necesidad. Nuestra necesidad es nuestra culpa. Y saberlo es algo que daña nuestra alma».

2. Exprese su opinión a favor o en contra de las corridas de toros.

3. Comente su opinión sobre uno de los siguientes deportes que se practican en los Estados Unidos.

   el boxeo   el fútbol americano
   la caza   la pesca

LECTURAS SUGERIDAS

Miguel Hernández, «Toro», «Elegía media del toro», en *Obra poética completa*. Madrid: Alianza Editorial, 1982: 71; 99-101.

Rafael Alberti, «El toro de la muerte», en *Poesía*. Madrid: Aguilar, 1967: 440-448.

UNIDAD 4

El flamenco

Resumen

Carlos Fuentes asiste a una representación del flamenco y recuerda cómo describieron esa danza varios escritores famosos. Luego habla de lo que representa ese baile en la cultura hispánica.

Antes del video

VOCABULARIO

el alma	soul	la lucha	battle
el bronce	bronze	la mitad	half
el cante	folksong	el orgullo	pride
la criatura	child	el suelo	floor
la doncella	young woman	el tablado	stage, platform
el/la gitano/a	gypsy	la tentadora	temptress
el grito	shout, yell	la venganza	revenge
casto/a	chaste		
hondo/a	deep, profound		
sabio/a	wise		
agradecer (zc)	to thank		
hundir	to sink		

FRASES UTILES

...hay que darle la palabra final...   . . . one must give him the last word . . .
...un imán musical que atrae hacia sí...   . . . a musical magnet that attracts toward itself . . .
A veces ni siquiera es una voz...   At times it is not even a voice . . .

PARA PENSAR ANTES DE MIRAR

1. Infórmese sobre la división política de España en regiones. ¿Cuáles son?
2. ¿En qué parte de España queda Cádiz?

Después del video

A. Conexiones. Indique la persona que se corresponde con los siguientes comentarios sobre el flamenco.

c 1. «las doncellas oscuras del cielo»

b 2. «mitad bronce, mitad sueño»

b 3. «cante hondo, río de voces»

d 4. «las grandes maneras de liberar el alma»

a 5. «la diosa del tablao... es una criatura de la tierra»

- a. Carlos Fuentes
- b. García Lorca
- c. Lord Byron
- d. Marcial

B. Indique cuáles de las siguientes son *regiones** de España (R) y cuáles son *ciudades* (C).

R Andalucía   R Castilla   C Madrid

R Aragón   R Extremadura   C Sevilla

R Burgos   R Galicia   C Valencia

C. ¿Verdadero (V) o falso (F)?

F 1. Los bailes y las bailadoras de Cádiz siempre han sido indecentes.

F 2. El flamenco es una música moderna, tranquila y pura.

T 3. El entusiasmo expresado por el público en la corrida de toros se debe al machismo y al orgullo.

Más adelante

SU OPINION PERSONAL

1. Describa su impresión personal del flamenco.
2. En su opinión, ¿qué función social cumplen los bailes? Describa su importancia.
3. ¿Existe un baile nacional en los Estados Unidos?
4. ¿Cuál es el baile preferido por la juventud norteamericana?

PARA COMENTAR

Describa alguno de los siguientes tipos de bailes: danza clásica, rock, salsa, «square dance».

LECTURAS SUGERIDAS

Federico García Lorca, «La guitarra», «Baile», en *Poema del cante jondo*. Madrid: Alianza Editorial, 1982: 60-61; 117-118.

Federico García Lorca, «El "cante jondo" (canto primitivo andaluz)», op. cit., pp. 175-189.

---

* El término **región** es geográfico; hoy las regiones son divisiones políticas llamadas «autonomías».

U N I D A D 5

La cultura romana

Resumen

Carlos Fuentes visita la pequeña ciudad de Ronda y describe la influencia que tuvo la cultura romana en el mundo ibérico. Explica que España se creó uniendo el sentido romano del Estado con el individualismo ibérico.

Antes del video

VOCABULARIO

el/la heredero/a	*heir/heiress*
la hidalguía	*nobility*
la red	*network*
el retrato	*portrait*
la sabiduría	*wisdom*
la serranía	*mountainous area*
comunicado/a	*connected*
poderoso/a	*powerful*
terrenal	*earthly*
salvo	*except*
enfocar (qu)	*to focus*
heredar	*to inherit*
perecer (zc)	*to perish*
permanecer (zc)	*to remain*
surgir (j)	*to appear*

FRASES UTILES

Pero a diferencia de los griegos...
España se creyó a sí misma...
Y ser sabio consiste en...

But unlike the Greeks . . .
Spain believed itself . . .
And being wise consists of . . .

PARA PENSAR ANTES DE MIRAR

1. Averigüe cuál es el objeto de estudio de las siguientes disciplinas.
   a. arqueología   b. historia   c. filosofía
2. ¿Qué sabe Ud. del imperio romano? ¿Por qué fue importante?

Después del video

A. Ponga la letra de la columna B que se relaciona con la palabra o frase de la columna A.

A

____ 1. la Dama de Elche

____ 2. acueductos

____ 3. estoicismo

____ 4. teatro al aire libre

____ 5. honor e individualismo

____ 6. colonización de la costa española

____ 7. colonización del interior español

____ 8. originadores de la cultura urbana

B

a. los griegos
b. los iberos y celtíberos
c. los romanos

B. Complete las oraciones con las palabras de la lista.

árabe   los romanos
derecho   El Greco
una escultura   Carlos Fuentes
griega   una princesa india
los griegos   Séneca
los sabios

1. Los romanos eran herederos de la cultura

   _____.

2. El gran filósofo nacido en Córdoba se llamaba

   _____.

3. La Dama de Baza es _____.

4. «La cultura ibérica fue absorbida por

   _____, que durante mil años

   dominaron el mundo antiguo».

5. «No permitas que nada te conquiste, salvo tu propia

   alma», dijo _____.

La Dama de Elche

Más adelante

SU OPINION PERSONAL

1. ¿Qué representa el tipo humano pintado por El Greco?
2. Carlos Fuentes dice: «Ser sabio consiste en entender que la vida no es feliz». ¿Está Ud. de acuerdo con esta opinión? ¿Por qué (no)?
3. Según Carlos Fuentes, la civilización española se creó en el conflicto entre las leyes del Estado y el individualismo. ¿Existe ese mismo conflicto en la sociedad norteamericana?

PARA COMENTAR

1. Elija algún cuadro famoso de la pintura norteamericana y explique qué representa.
2. Escriba una composición corta sobre uno de estos temas.
   a. la herencia de los romanos en España.
   b. el sentido del individualismo en la cultura norteamericana.

LECTURAS SUGERIDAS

Rafael Alberti, «Los fenicios de Tiros fundaron Cádiz», op. cit. pp. 981-983.
Manuel Machado, «Felipe IV» (poema), en Gerardo Diego, *Manuel Machado, poeta*. Madrid: Editorial Nacional, 1974, pág. 123.

U N I D A D 6

El cristianismo

Resumen

Carlos Fuentes habla de la influencia del cristianismo en la historia de España y de la presencia de la iglesia católica en la política española e hispanoamericana.

Antes del video

VOCABULARIO

el asunto	*matter, business*	el redentor	*redeemer*
el catalizador	*catalyst*	el siglo	*century*
el pleito	*dispute*		
bárbaro/a	*barbaric*		
aparecer (zc)	*to appear*	entregar (gu)	*to turn over*
enriquecer (zc)	*to enrich*	lograr	*to achieve*

FRASES ÚTILES

Acabó con el poder de Roma...
De tal suerte que ésta entró en...

Ended the power of Rome . . .
In such a way that this entered into . . .

PARA PENSAR ANTES DE MIRAR

1. Averigüe cuáles son las religiones que se practican en los siguientes sitios.
   a. los países árabes
   b. España y los países latinoamericanos
   c. los Estados Unidos
2. ¿Cuáles son las creencias básicas de la religión católica? ¿Y de la religión musulmana?

Después del video

A. Indique con números el orden cronológico en el que ocurrieron los siguientes hechos en la península ibérica.

____ conquista por los romanos

____ exploración por los fenicios y griegos

____ invasiones germánicas

____ invasiones por los celtas

____ aparición de los primeros cristianos

____ reino de los visigodos

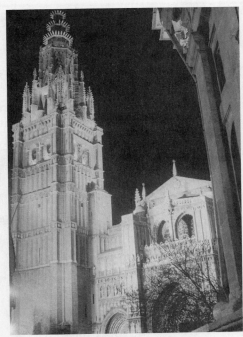

La Giralda (Sevilla, España)

B. Complete los párrafos con las palabras de la lista.

1. El cristianismo enriqueció intensamente _____

   previas de España. Dios padre, _____ del

   mundo y Dios hijo, _____ que sufrió por

   nuestra _____; el Padre, el Hijo y nuevamente

   la figura de la Virgen que da vida y _____.

2. Una de _____ casi constantes de la política

   española e hispanoamericana es la presencia de _____ en los asuntos

   públicos. El cristianismo logró ser el catalizador de _____ de España,

   asumiendo todas _____ anteriores.

creador
las imágenes
protección
redentor
salvación
las tradiciones
la historia
la iglesia católica
las leyes

Más adelante

PREGUNTAS

1. ¿Qué pueblos acabaron con el poder de Roma en España?
2. ¿Cuándo empezó la influencia de la iglesia en los asuntos públicos de España? ¿Por qué?

SU OPINION PERSONAL

1. ¿Qué influencia tiene la religión en los asuntos públicos en los Estados Unidos?
2. ¿Qué influencia tiene la religión católica en los Estados Unidos?

PARA COMENTAR

Escriba una composición corta sobre la libertad de religión.

UNIDAD 7

La Semana Santa en Sevilla

Resumen

Carlos Fuentes asiste a la celebración de la Semana Santa en Sevilla. Describe lo que ocurre durante esa semana y se pregunta cuál es el sentido cultural que tiene esa ceremonia religiosa.

Antes del video

VOCABULARIO

el anhelo	*longing, desire*	la hermandad	*brotherhood*
el barrio	*neighborhood*	el papel	*role*
la cofradía	*fraternity, guild*	el rasgo	*trace*
la emperatriz	*empress*	la superficie	*surface*
lúdico/a	*playful*	sincrético/a	*related to the mixing of beliefs*
hallar	*to find*	reprimir	*to repress*
ocultar	*to hide*	subrayar	*to underline*
quedarse	*to remain*		

FRASES UTILES

...en virtud del cual Sevilla monta...   . . . *by virtue of the fact that Seville establishes* . . .

De la misma manera...   *In the same way* . . .

...una respuesta siquiera aproximada...   . . . *even an approximate answer* . . .

PARA PENSAR ANTES DE MIRAR

1. ¿Dónde queda Sevilla?
2. ¿Qué se conmemora durante la Semana Santa, según la religión católica?

Después del video

A. ¿Verdadero (V) o falso (F)?

_____ 1. La Semana Santa empieza la noche del sábado.

_____ 2. Hay más de cincuenta imágenes de Jesús llevadas en la procesión.

_____ 3. Los hombres de las hermandades marchan haciendo penitencia por amor a Cristo.

_____ 4. Algunos se muestran muy irreverentes al gritar «¡Guapa! ¡Guapa!»

_____ 5. La sensualidad ha sido reprimida por la fe.

_____ 6. La patrona de los toreros es la Virgen de la Macarena.

_____ 7. No es posible que un extranjero entienda el significado de la Semana Santa.

_____ 8. Los gitanos no creen en Dios.

B. Indique con «X» las frases que describen a la Virgen de la Macarena.

_____ 1. «se asemeja a una emperatriz bizantina»

_____ 2. «miembro de una hermandad»

_____ 3. «las diosas aztecas»

_____ 4. «ofrece poder y protección»

_____ 5. «vive todo el año en Sevilla»

Nombre _____ Fecha _____ Clase _____

C. Indique con «X» las frases que definen la Semana Santa. Comente su respuesta.

_____ 1.   «fiesta multicolor»

_____ 2.   «diosas del Nuevo Mundo»

_____ 3.   «un ejercicio de narcisismo colectivo»

_____ 4.   «sensualidad reprimida por la fe, pero sublimada por la mística»

_____ 5.   «un barrio de Sevilla»

Más adelante

SU OPINIÓN PERSONAL

Según Carlos Fuentes, la Semana Santa de Sevilla es «el más sensual y el más místico de todos los espectáculos españoles». ¿Cómo se ve esto en la escena que nos muestra el video?

PARA COMENTAR

1.   Describa alguna fiesta religiosa que Ud. haya visto.
2.   Explique el sentido que tienen en los Estados Unidos las siguientes festividades.
   a.   el Día de Acción de Gracias
   b.   la Navidad

LECTURA SUGERIDA

Manuel Machado, «A nuestra Señora de la Esperanza» (soneto), en Gerardo Diego, *Manuel Machado, poeta.* Madrid: Editorial Nacional, 1974, pág. 94.

Iglesia en el Altiplano (Bolivia)

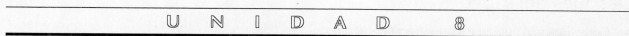

U N I D A D   8

La reconquista

Resumen

Carlos Fuentes visita Asturias, Córdoba y Granada. Describe la herencia cultural que dejaron los árabes en España y luego habla de la creación de los reinos cristianos, que surgieron durante el período de lucha contra la dominación árabe.

Antes del video

VOCABULARIO

la barbarie	*barbarism*	el dicho	*saying*
el/la berberí	*Berber (N. African)*	los fueros	*code of laws*
el caudillo	*leader, chief*	la mezquita	*mosque*
la ciudadela	*citadel*	la niebla	*fog*
el conjunto	*group*	la raíz	*root*
ciego/a	*blind*		
crepuscular	*related to twilight*		
canjear	*to exchange*	mezclar	*to mix*
ensombrecer (zc)	*to darken*	sobrevivir	*to survive*
florecer (zc)	*to flower*	vencer (z)	*to conquer*
fluir (y)	*to flow*	zarpar	*to set sail*
gozar (c)	*to enjoy*		

FRASES UTILES

Pero en tanto que esta civilización...	*But while this civilization . . .*
Y quizás se necesita haber sentido...	*And perhaps it was necessary to have felt . . .*
Tal fue el sentido...	*Such was the meaning . . .*
...a lo largo de los años...	*. . . throughout the years . . .*
...y por lo tanto hispanoamericano...	*. . . and therefore Latin American . . .*

PARA PENSAR ANTES DE MIRAR

Busque en un mapa los siguientes lugares.
   a. Europa occidental
   b. Africa
   c. Poitiers, Francia
   d. el Estrecho de Gibraltar
   e. Granada, España

Después del video

A. Conexiones. ¿A quién o a qué se refiere cada frase?

_____ 1. «la capital del último reino árabe en España».

_____ 2. «La más grande mezquita de la Europa occidental».

_____ 3. donde desembarcó el primer ejército árabe en España

_____ 4. «Construid un jardín cuya belleza no pueda compararse a nada en este mundo...un palacio (cuyo nombre) significa "la ciudadela roja"».

_____ 5. «Soldado, guerrillero, vengador de la honra familiar, el primer gran caudillo español»

a. La Alhambra
b. El Cid
c. Córdoba
d. Gibraltar
e. Granada

B. Indique la persona o el lugar que se corresponde con cada descripción.

_____ 1. donde Carlos Martel venció a los moros

_____ 2. Rodrigo Díaz de Vivar

_____ 3. líder de los moros

_____ 4. líder de los cristianos

_____ 5. guerra que duró más de 700 años

_____ 6. donde los cristianos vencieron a los moros

a. La Alhambra
b. Córdoba
c. Covadonga
d. El Cid
e. Gebel Tarik
f. Granada
g. Pelayo
h. Poitiers
i. La Reconquista

C. Ponga la fecha de estos acontecimientos importantes.

_____ 1. Los moros invadieron España.

_____ 2. Empezó la Reconquista.

_____ 3. Nació El Cid.

_____ 4. fin de la dominación musulmana en España

D. Indique con «X» las palabras que suelen usarse como sinónimos.

_____ 1. árabes   _____ 4. medievales

_____ 2. cristianos   _____ 5. moros

_____ 3. guerreros   _____ 6. musulmanes

La Alhambra

E. Indique con «X» las contribuciones de la cultura árabe a la de España.

_____ 1. libertades civiles   _____ 3. música y arquitectura

_____ 2. matemáticas, astronomía   _____ 4. tierra y botín

F. Indique con «X» las frases que se refieren a El Cid.

_____ 1. ciego en Granada

_____ 2. ganamos el pan luchando contra los moros

_____ 3. primer gran caudillo español

_____ 4. vengador de la honra familiar

Más adelante

SU OPINION PERSONAL

El Cid

1. ¿Por qué no participó España en las Cruzadas?
2. Explique el sentido que tiene este poema citado por Carlos Fuentes.
   «Dale limosna, mujer,
   que no hay en la vida nada
   como la pena de ser
   ciego en Granada».

PARA COMENTAR

Escriba una composición corta explicando qué significa esta frase de Carlos Fuentes: «Un caballero armado podía llegar lejos».

LECTURAS SUGERIDAS

Rafael Alberti, «España» (siglo XIV), op. cit. pp. 661-662. «Poema de Mío Cid» (fragmento), en Nicholson B. Adams, John E. Keller y Rafael A. Aguirre, *España en su literatura*. 3a. edic. New York: W.W. Norton & Company, 1991, pp. 9-18.
Manuel Machado, «Castilla», op. cit. pág. 261.

U N I D A D 9

Santiago de Compostela

Resumen

Carlos Fuentes visita la catedral de Santiago de Compostela y la catedral de Sevilla y describe cómo era la vida religiosa de España durante la época medieval.

Antes del video

VOCABULARIO

el botafumeiro	*censer (incense vessel)*	el/la mercader(a)	*merchant*
el enemigo	*enemy*	el olor	*smell*
el hedor	*stench*	el peregrino	*pilgrim*
el mendigo	*beggar*	la vía láctea	*the Milky Way*
fiel	*faithful*		
abrazar (c)	*to embrace*	enterrar (ie)	*to bury*
comprometer	*to commit*	rezar (c)	*to pray*
desterrar (ie)	*to exile*	yacer (zc)	*to lie*

FRASES UTILES

...en el bien llamado...   . . . *in the appropriately named* . . .
...exigiéndoles que se pusieran...   . . . *demanding that they wear* . . .

PARA PENSAR ANTES DE MIRAR

1. Explique en español el significado de los siguientes nombres.
   a. peregrinos
   b. mezquita
   c. sinagoga
   d. catedral
2. ¿A qué período se ha llamado «época medieval»?

Después del video

A. ¿Verdadero (V) o falso (F)?

____ 1. El Apóstol Santiago representaba a los cristianos.

____ 2. Uno de los ángeles del pórtico de la catedral de Santiago es la Mona Lisa.

____ 3. Algunos habitantes de Santiago llegan a la edad avanzada de 1.000 años.

____ 4. Los peregrinos a Santiago de Compostela ayudaron a financiar la Reconquista.

____ 5. Las culturas cristiana, musulmana y judía se mezclaron mucho en España.

B. Indique con «X» quiénes iban como peregrinos al santuario de Santiago de Compostela.

____ 1. árabes

____ 2. ingleses

____ 3. mendigos

____ 4. mexicanos

____ 5. príncipes

Tres peregrinos

C. Indique con «X» las frases que describen al rey Fernando III.

____ 1. capaz de proteger a los judíos de España

____ 2. ha estado rezando durante mil años

____ 3. liberó (Sevilla) del poder de los moros

____ 4. nos dice que el mundo está bien ordenado

Más adelante

A. Escriba una definición de los siguientes nombres y expresiones.

1. el Camino de Santiago _____

2. olor de santidad _____

3. el Pórtico de la Gloria _____

4. Santiago de Compostela _____

5. Santiago Matamoros _____

B. Conteste las preguntas.

1. ¿De qué nacionalidades eran los peregrinos que iban a Santiago de Compostela?
2. ¿Por qué describe Carlos Fuentes a Daniel el Profeta como «la Mona Lisa de la Edad Media»?

SU OPINION PERSONAL

1. ¿Por qué llamaban al apóstol Santiago «Santiago Matamoros»?
2. ¿Por qué dice Carlos Fuentes que el camino de Santiago es «una especie de Mercado Común Europeo original»?
3. ¿Qué representan las inscripciones en la tumba de Fernando III?

PARA COMENTAR

Explique la importancia cultural que tuvo el camino de Santiago en la época medieval.

LECTURA SUGERIDA

Alejo Carpentier, «El camino de Santiago» (cuento), en *Guerra del tiempo*. Buenos Aires: Editora Latina, 1976.

U N I D A D   1 0

Alfonso X el Sabio

Resumen

Carlos Fuentes visita la Universidad de Salamanca y describe la obra cultural que desarrolló el rey Alfonso el Sabio. Habla de las traducciones de textos sagrados de varias religiones que mandó hacer el gran rey intelectual.

Antes del video

VOCABULARIO

el ajedrez	*chess*	la herejía	*heresy*
el/la embajador(a)	*ambassador*	el/la trovador(a)	*troubador, minstrel*

FRASES UTILES

De manera que este lugar...	*As a result this place . . .*
Al morir Alfonso...	*When Alfonso died . . .*

PARA PENSAR ANTES DE MIRAR

1. ¿Por qué es difícil traducir de un idioma a otro?

2. Averigüe el significado de los siguientes prefijos.
   a. mono-   b. bi-   c. poli-   d. multi-

Después del video

A. ¿Verdadero (**V**) o falso (**F**)?

____ 1. Alfonso X era un rey de Salamanca.

____ 2. El ajedrez es un juego árabe.

____ 3. Los traductores de Alfonso X tradujeron solamente obras religiosas.

____ 4. Alfonso estableció las leyes de España.

____ 5. El rey mandó escribir la historia de España en latín.

____ 6. El rey Alfonso murió en 1284.

____ 7. El rey Alfonso fue enterrado en una capa de diseño musulmán.

____ 8. Durante el reinado de Alfonso X España era una sociedad policultural.

Más adelante

Indique con «X» las actividades que desarrollaron los traductores.

____ 1. Dieron a conocer el ajedrez.

____ 2. Establecieron las leyes de España.

____ 3. Financiaron la Corona.

____ 4. Tradujeron la Biblia.

SU OPINION PERSONAL

1. ¿Por qué Alfonso de Castilla fue llamado «El Sabio»?
2. ¿Cómo era la cultura de España durante el reinado de Alfonso el Sabio?
3. ¿Cómo se manifestó la intolerancia durante la Reconquista?

PARA COMENTAR

1. ¿Qué ejemplos les puede dar el período de Alfonso el Sabio a los líderes del mundo contemporáneo?
2. ¿Cree usted que Estados Unidos es una sociedad policultural? ¿Por qué?

Los Reyes Católicos

Resumen

Carlos Fuentes describe los cambios políticos y culturales que vivió España durante el reinado de los Reyes Católicos. Comenta la importancia de aquel período con respecto a la unificación del país.

Antes del video

VOCABULARIO

el/la hereje	*heretic*		el/la sefardí	*Sephardic Jew*
la llave	*key*			
ajeno/a	*foreign*		supuesto/a	*supposed*
fortalecerse (zc)	*to strengthen*		perseguir (i,i) (g)	*to persecute*

FRASES UTILES

...nos estamos dando cuenta de que...   . . . *we are realizing that . . .*
...a fin de que la Reconquista terminase...   . . . *in order that the Reconquest might end . . .*

PARA PENSAR ANTES DE MIRAR

Explique el significado de estos conceptos.

1. ortodoxia y heterodoxia
2. idolatría y herejía
3. tolerancia e intolerancia

Después del video

A. ¿Cuáles eran las opciones que tenía España a fines del siglo XV? Complete las frases con las palabras de la lista.

Maimónides, pensador hispanojudío

1. tolerancia o _____
2. derecho a criticar o _____
3. el mundo de Fray Luis de León o el de _____
4. _____ o raza pura
5. judíos, moros y cristianos o _____
6. el poder _____ o desde abajo
7. tradición o _____

cambio
desde el gobierno
desde arriba
destino
la Inquisición pura
intolerancia
mezcla cultural
Séneca
sólo cristianos
Torquemada

B. ¿Verdadero (V) o falso (F)?

____ 1. Los Reyes Católicos se llamaban Isabel y Fernando.

____ 2. Isabel era de Barcelona y Fernando era de Sevilla.

____ 3. El último reino moro de España estaba en Granada.

____ 4. La Inquisición se estableció para mantener la ortodoxia de la fe.

____ 5. Los judíos fueron expulsados de España en 1492.

____ 6. Isabel y Fernando lograron la victoria final de la Reconquista.

C. Indique con «X» las frases u oraciones que describen a Fernando e Isabel.

____ 1. España volvió a abrirles los brazos a los judíos.

____ 2. Una mezcla cultural y étnica.

____ 3. El mundo de Torquemada.

____ 4. Los moros tenían que ser vencidos.

____ 5. Estatutos que proclamaban la pureza de la sangre y la ortodoxia de la fe.

____ 6. Fueron movidos por una visión implacable de la unidad cristiana.

____ 7. Respeto hacia el punto de vista ajeno.

D. Indique con «X» los hechos que ocurrieron durante el reinado de los Reyes Católicos.

____ 1. España volvió a abrirles los brazos a los judíos sefardíes.

____ 2. Se fortaleció la Inquisición.

____ 3. Los moros fueron vencidos en Granada.

____ 4. Se promovió la mezcla cultural y étnica.

Más adelante

Para cada frase de la columna A indique la alternativa opuesta con una letra de la columna B. Explique el porqué de sus selecciones.

A

_____ 1. mezcla de grupos étnicos

_____ 2. derecho a criticar

_____ 3. autoridad de la Corona

_____ 4. libertad religiosa

B

a. cristianos
b. Inquisición
c. ortodoxia de la fe católica
d. poder de las Comunidades

SU OPINION PERSONAL

1. ¿Qué papel tuvo la religión en la unificación de España?
2. ¿Qué acontecimientos importantes para España ocurrieron en 1492?

PARA COMENTAR

Exprese su opinión sobre los siguientes temas.

1. ¿Qué ganó y qué perdió España durante la Reconquista?
2. ¿Debe existir una religión *oficial* en un país?

LECTURA SUGERIDA

Miguel Hernández, «El árabe vencido» (poema), en *Obra poética completa*. Madrid: Alianza Editorial, 1982: pp. 601-663.

U N I D A D   1 2

Renacimiento
y descubrimiento

Resumen

Mientras recorre la mezquita de Córdoba, Carlos Fuentes comenta los grandes cambios que ocurrieron en Europa a mediados del siglo XV. Luego visita el sur de Portugal y describe la importancia histórica que tuvo el llamado «descubrimiento de América».

Antes del video

VOCABULARIO

el afán	desire	la espada	sword
la cartografía	map making	la maniobra	maneuver
la empresa	undertaking	el traslado	transfer
barbado/a	bearded	fogoso/a	spirited
despiadado/a	merciless	testarudo/a	obstinate
apoyar	to support		

FRASES UTILES

A mediados del siglo XV...	Around the middle of the 15th Century . . .
...en tanto que la invención de la imprenta...	. . . while the invention of printing . . .
La corte de Portugal no le hizo caso...	The Portuguese court didn't pay any attention to him . . .
...dar la vuelta al cabo de Buena Esperanza...	. . . sail around the Cape of Good Hope . . .
Le permitieron llevar a cabo...	They allowed him to accomplish . . .
Ellos eran, al fin y al cabo,...	They were, after all, . . .

PARA PENSAR ANTES DE MIRAR

1. ¿A qué se ha llamado «el descubrimiento de América»?
2. Explique en qué se diferencian los siguientes conceptos.
   a. descubrir
   b. explorar
   c. investigar
   d. inventar

Después del video

A. Busque el sinónimo y ponga la letra correspondiente.

_____ 1. **alma**   a. tipo de árbol   b. espíritu   c. dinero

_____ 2. **oriente**   a. un tren rápido   b. conocer   c. el este

_____ 3. **mezquita**   a. iglesia árabe   b. mosca que pica   c. tipo de árbol

_____ 4. **lucha**   a. algo que da luz   b. batalla   c. fin

B. Complete las oraciones con las palabras de la lista.

1. _____ causó una enorme curiosidad y afán

   de saber más y más.

2. El progreso en _____ incrementó el

   comercio y el contacto entre los pueblos.

3. El Cabo de Roca en Portugal es _____ más

   occidental del continente europeo.

4. El Infante Enrique de Portugal perfeccionó _____.

5. _____ era un barco de traslado, de diseño y manejo mejor que los de

   antes.

6. La gran era de las exploraciones y descubrimientos buscaba _____ hacia

   el oriente.

la caravela
la cartografía
las costumbres
viejas
la imprenta
la modernización
la navegación
nuevas rutas
la punta

C. Indique con «X» los hechos que se asocian con el Renacimiento.

_____ 1. el progreso en la navegación

_____ 2. la mezquita de Córdoba

_____ 3. la invención de la imprenta

_____ 4. la lucha contra los infieles

_____ 5. la reflexión sobre el destino eterno

GENIVS
LIVES ON
ALL ELSE
IS MORTAL

D. Identifique la acción de la columna A con el nombre de la columna B. Explique sus selecciones.

A

_____ 1. Estuvo en el Cabo de Roca.

_____ 2. Derrotó a los moros en Granada.

_____ 3. Descubrió América.

_____ 4. Perfeccionó la cartografía.

B

a. Carlos Fuentes
b. Cristóbal Colón
c. Enrique el Navegante
d. Fernando el Católico

Más adelante

SU OPINION PERSONAL

¿Por qué fue el descubrimiento de América una empresa «conflictiva»?

PARA COMENTAR

Dé su opinión sobre la siguiente oración de Carlos Fuentes: «Todo descubrimiento es mutuo y si los europeos descubrieron el continente americano, también es cierto que los indígenas americanos descubrieron a los europeos».

LECTURA SUGERIDA

Humberto Mata, «Los descubridores» de la colección de Juan Armando Epple, *Brevísima relación. Antología del micro-cuento hispanoamericano*. Santiago de Chile: Editorial Mosquito, 1990, pág. 115.

E N   F I N

En este programa Carlos Fuentes ha presentado un bosquejo de la historia de España hasta fines del siglo XV. El siglo XVI es la época del descubrimiento y conquista del «Nuevo Mundo».

> Según lo que Ud. ha aprendido en este programa, ¿por qué fue ese momento histórico propicio para que España se embarcara en una empresa tan enorme?

Escriba una composición de dos o tres páginas en la que Ud. presenta su opinión. Para prepararse le conviene:

1. leer de nuevo los resúmenes y ejercicios en las unidades anteriores del programa.
2. leer de nuevo lo que Ud. haya escrito sobre uno de los temas en las unidades.
3. consultar algunas de las lecturas sugeridas al fin de cada unidad.
4. ver o escuchar otra vez el programa para revisar alguna información.

La batalla de los dioses

La Ciudad de México:
los antepasados

Resumen

Carlos Fuentes camina por el Zócalo, la plaza central de México, y describe cómo fue construida esta ciudad sobre las ruinas del imperio azteca. También nota que en México el pasado sigue vivo.

Antes del video

VOCABULARIO

el/la antepasado/a	*ancestor*
el fantasma	*ghost*
los restos	*remains*
borrar	*to erase*

FRASES UTILES

...hacia el oriente...	*. . . toward the east . . .*
...nos dimos cuenta de que...	*. . . we realized that . . .*
...por azar descubrieron aquí mismo...	*. . . by chance they discovered right here . . .*

PARA PENSAR ANTES DE MIRAR

1. ¿En qué continente está México?
2. Explique el significado de las siguientes palabras.
   a. plaza
   b. templo
   c. iglesia
   d. catedral
   e. casa
   f. palacio
   g. museo

Después del video

¿A qué edificio o lugar se refiere cada descripción?

_____ 1. Borró toda traza de los templos indígenas.

_____ 2. Ocupó el sitio de los palacios de Moctezuma.

_____ 3. La gran plaza central de la Ciudad de México

_____ 4. Descubierto por trabajadores municipales en 1977

_____ 5. Rodeado de la arquitectura colonial española

a. la gran catedral católica
b. el Palacio de Bellas Artes
c. el palacio virreinal
d. el Templo Mayor
e. la Torre Latinoamericana
f. el Zócalo

Más adelante

PREGUNTAS

1. ¿Dónde se construyó el palacio virreinal español?
2. ¿Dónde se construyó la catedral católica?
3. ¿Dónde estaba sepultado el Templo Mayor?

SU OPINION PERSONAL

1. ¿Cuál fue la actitud de los conquistadores hacia la civilización azteca?
2. ¿Por qué creía Carlos Fuentes que sus antepasados indígenas estaban «sepultados» para siempre?
3. ¿Qué significado tiene para Carlos Fuentes el descubrimiento del Templo Mayor?

PARA COMENTAR

1. El Templo Mayor es ahora un museo histórico. ¿Qué valor cultural tienen los museos?
2. ¿Qué importancia puede tener para un mexicano conocer la historia de su pasado indígena?
3. ¿Qué sabe Ud. del pasado indígena de la civilización norteamericana?

LECTURA SUGERIDA

José Emilio Pacheco, «Ruinas del Templo Mayor» (poema) en *Tarde o temprano*. México: Fondo de Cultura Económica, 1980, pág. 128.

Otras culturas, otros dioses

Resumen

Carlos Fuentes describe el origen de las civilizaciones indígenas de América. Habla de los primeros pobladores, probablemente procedentes de Asia y de cómo éstos poco a poco se fueron desplazando al sur, hacia las regiones cálidas de lo que hoy llamamos Centro y Sur América. Comenta la relación que tenían los primeros pobladores con la naturaleza.

Antes del video

VOCABULARIO

el desfile	*parade*	el terremoto	*earthquake*
la selva	*jungle*		
agónico/a	*dwindling*	disminuido/a	*decreased*
desplazarse (c)	*to be displaced*	remontar a	*to date back to*

PARA PENSAR ANTES DE MIRAR

Averigüe el significado de cada palabra en los siguientes grupos.

GRUPO 1

a. antiguo
b. primitivo
c. indígena

GRUPO 2

d. antepasados
e. parientes
f. familia

Después del video

A. Busque el sinónimo y ponga la letra correspondiente.

____ 1. **aborígenes**   a. salvajes   b. extranjeros   c. indígenas   d. habitantes

____ 2. **estrecho**   a. alto   b. angosto   c. ancho   d. largo

____ 3. **sepultar**   a. enterrar   b. llevar   c. sembrar   d. acabar

B. Conexiones. Ponga la letra de la columna B que se relaciona con la descripción de la columna A.

A

_____ 1. «Mis antepasados indígenas estaban sepultados para siempre bajo mis pies».

_____ 2. La gran plaza central de la Ciudad de México

_____ 3. Unos trabajadores descubrieron los restos del Templo Mayor de los aztecas.

_____ 4. «...olmecas, mayas, zapotecas, toltecas y finalmente los aztecas»

_____ 5. «Los primeros hombres y mujeres probablemente llegaron desde Asia».

_____ 6. «El pasado vive y la historia es presente».

B

a. en 1977
b. las civilizaciones de Mesoamérica
c. hace cuarenta o cincuenta mil años
d. en México
e. Carlos Fuentes
f. el Zócalo

C. Conexiones. Complete las oraciones con las palabras de la lista.

1. Los primeros habitantes de las Américas llegaron desde

   _____.

2. Cruzaron el estrecho de _____.

3. Estos inmigrantes poco a poco se desplazaron hacia

   _____.

4. Unos cuantos capturados en el pasado remoto,

   viven aún en _____.

Bering
Egipto
Centro América
Mesopotamia
el Amazonas

Más adelante

PREGUNTAS

1. ¿De dónde llegaron los primeros pobladores de América?
2. ¿En qué dirección se fueron desplazando los primeros habitantes nativos, según Carlos Fuentes?
3. ¿Dónde se encuentran los pueblos aborígenes más antiguos, según Carlos Fuentes?

SU OPINION PERSONAL

1. ¿Cómo describen los libros sagrados el comienzo del mundo? Compare esta descripción con lo que cuenta la Biblia.
2. ¿Por qué le temían a la naturaleza los primeros habitantes indígenas?

PARA COMENTAR

1. Carlos Fuentes vuelve a afirmar que todos han llegado como «inmigrantes» a las nuevas tierras de América. ¿Qué entendemos en nuestra época por «inmigrante»?
2. ¿Qué sabe Ud. de los indígenas que habitan en las selvas del Amazonas? ¿Le parece que viven en el pasado, fuera de la historia?
3. Escriba una composición de media página sobre las diferencias entre los conceptos de «emigración», «inmigración» y «exilio», dando algún ejemplo en cada caso.

LECTURAS SUGERIDAS

Pablo Neruda, «Los hombres», en *Canto general, Obras completas*, 2a. ed. Buenos Aires : Editorial Losada, 1962: 307-311.

Ernesto Cardenal, «Las ciudades perdidas», en *Homenaje a los indios americanos*. Barcelona: LAIA, 1979, pp. 14-16.

U N I D A D   3

Los mayas y los zapotecas

Resumen

Carlos Fuentes visita las ruinas mayas y describe los grandes monumentos construidos en Palenque, Monte Albán y Chichén Itzá por esa civilización indígena. Comenta lo que estas obras—las pirámides, los murales, el observatorio y el calendario—nos comunican hoy del concepto indígena del mundo.

Antes del video

VOCABULARIO

el apoyo	*support*	la escalera	*stairway*
el asombro	*astonishment*	la joya	*jewel*
el bosque	*forest*	la tregua	*truce*
la corona	*crown*		
acaso	*perhaps*	apenas	*hardly*
realizar (c)	*to accomplish*	sobrevivir	*to survive*

FRASES UTILES

Es como si las estructuras fuesen...   *It is as if the structures were . . .*
...tanto agrícolas como políticos...   *. . . as much agricultural as political . . .*

PARA PENSAR ANTES DE MIRAR

1. Averigüe dónde estaba situado el imperio maya. ¿En qué países hay ruinas mayas en la actualidad?
2. ¿Qué es una pirámide?
3. ¿En qué lugares hay pirámides?

Después del video

Busque el antónimo y ponga la letra correspondiente.

____ 1. **bello**   a. bonito   b. feo   c. nuevo   d. negro

____ 2. **lucha**   a. guerra   b. desayuno   c. paz   d. oscura

____ 3. **descubrir**   a. escoger   b. esconder   c. proteger   d. abrir

Más adelante

Conexiones. Identifique las siguientes descripciones.

____ 1. «El mundo maya no tiene corona más espléndida...»

____ 2. «Una serie de murales perfectamente conservados... cuenta sus historias en imágenes...»

____ 3. «grandes monumentos... construidos por los zapotecas... es como si fuesen una réplica de las montañas»

____ 4. donde «los astrónomos mayas establecieron un calendario solar preciso...»

____ 5. «representan la continuidad de la cultura popular... reflejada en la dignidad y el aspecto de sus descendientes»

a. Bonampak
b. Chichén Itzá
c. las estatuillas de Jaína
d. Monte Albán
e. Palenque

Palenque

PREGUNTAS

1. ¿Qué nos muestran los murales de Bonampak?
2. ¿Qué simboliza la gran pirámide de Chichén Itzá?
3. ¿Cuándo desaparecieron los antiguos reinos mayas, toltecas y zapotecas? ¿Por qué?
4. ¿Qué representan las estatuillas de Jaína, según Carlos Fuentes?

SU OPINION PERSONAL

1. ¿Existían divisiones según la clase social o profesión entre los mayas?
2. ¿Qué creaciones culturales de los mayas le parecen más «modernas»? ¿Por qué?

PARA COMENTAR

1. Carlos Fuentes compara a los astrónomos mayas con los científicos Newton y Einstein. ¿Qué le parece esta comparación? Comente.
2. ¿Qué impresión tiene Ud., en general, de la antigua civilización maya?
3. Escriba una composición de media página comentando a qué se debió, según su imaginación, la desaparición de las antiguas ciudades mayas. ¿Qué explicación podría Ud. dar para aclarar este misterio?

LECTURAS SUGERIDAS

José Emilio Pacheco, «Ciudad maya comida por la selva» (poema), en *Tarde en temprano*. México: Fondo de Cultura Económica, 1980, pág. 159.
José Emilio Pacheco, «La cabeza olmeca», op. cit. pág. 83.
Ernesto Cardenal, «Oráculos de Tikal», op. cit. pp. 91-95.

_____

U N I D A D 4

Los aztecas

Resumen

Carlos Fuentes visita el Templo Mayor de la Ciudad de México, el Palacio Nacional, donde están las pinturas de Diego Rivera, y luego el templo de Queztalcóatl en Xochicalco. Describe el origen de la civilización azteca, su organización social y las historias míticas de los principales dioses de la religión azteca.

Antes del video

VOCABULARIO

el águila (*f.*)	*eagle*	la balsa	*raft*
el algodón	*cotton*	el ombligo	*navel*
la amenaza	*threat*	el rostro	*face*
veloz	*rapid*		
emborracharse	*to get drunk*	rehusar	*to refuse*

FRASES UTILES

...a través del tiempo...	. . . *through time . . .*
...pegándole gritos...	. . . *shouting at him . . .*
...rumbo al oriente...	. . . *(with) a course toward the east . . .*
...sino que se ha convertido en...	. . . *but rather, it has changed into . . .*

PARA PENSAR ANTES DE MIRAR

1. Averigüe quiénes fueron los aztecas y dónde estaba situado el imperio azteca.
2. Los dioses de las religiones primitivas representaban el poder de la naturaleza. Averigüe cuáles son los cuatro elementos principales que han sido representados como dioses vinculados a la Naturaleza.

Teotihuacán

Después del video

A. Identifique los siguientes dioses.

_____ 1. la diosa madre

_____ 2. la serpiente emplumada

_____ 3. el dios de la guerra

_____ 4. «el espejo humeante»

_____ 5. la diosa de la luna

a. Coatlicue
b. Coyolxauhqui
c. Huitzilopochtli
d. Quetzalcóatl
e. Tezcatlipocha

B. El mundo de los aztecas era una sucesión de Cinco Soles. ¿Cuáles eran los cuatro primeros? Ponga los números para indicar su orden.

_____ el Sol del Tigre   _____ el Sol del Agua   _____ el Sol del Fuego

_____ el Sol del Viento   _____ el Sol de la Nieve   _____ el Sol de la Lluvia

C. ¿Verdadero (**V**) o falso (**F**)?

_____ 1. El nombre **México** significa «el ombligo de la luna».

_____ 2. Los toltecas veían a los aztecas como gente superior.

_____ 3. El sacrificio humano era una práctica privativa de los aztecas.

_____ 4. El dios de la guerra mató a su propia hermana, la diosa de la luna.

_____ 5. Diego Rivera pintó murales que muestran la crueldad de los aztecas.

_____ 6. Los muertos llevaban una máscara para protegerse contra los demonios.

_____ 7. Quetzalcóatl se fue porque vio su propio rostro en un espejo.

Más adelante

Conexiones. Ponga la letra de la columna B que se relaciona con la descripción de la columna A.

A

_____ 1. «la vida diaria de los aztecas le inspiró en sus murales»

_____ 2. «el nombre que le dieron su capital porque allí encontraron un lago con una roca donde un águila posada en un nopal devora a una serpiente»

_____ 3. «Somos implacables. Mantenemos el orden del mundo. No puedes rehusarnos tu sacrificio».

_____ 4. Los aztecas fueron amenazados con la extinción si no lo practicaban.

_____ 5. «se embarcó en una balsa de serpientes rumbo al oriente, prometiendo regresar...»

_____ 6. Crearon «un imperio fundado en el tributo, el miedo y la institución de *la guerra florida*».

B

a. los aztecas
b. Diego Rivera
c. los dioses aztecas
d. México
e. Quetzalcóatl
f. los sacrificios humanos

PREGUNTAS

1. ¿De dónde eran originarios los aztecas, y qué pensaban de ellos los antiguos habitantes del valle de México?
2. ¿A qué llamaban *la guerra florida*?
3. ¿Qué representaban, en la mitología azteca, los dioses Huitzilopochtli y Coyolxauhqui?
4. ¿Qué representaba Quetzalcóatl en la religión azteca?
5. ¿Qué hicieron los dioses menores para destruir el poder de Quetzalcóatl?

SU OPINION PERSONAL

1. ¿Con qué propósito se hacían los sacrificios humanos?
2. ¿En qué se diferenciaban fundamentalmente entre ellos los dioses Huitzilopochtli y Quetzalcóatl?
3. ¿Cómo aparece representada la diosa de la Luna en el disco que se conserva en el Templo Mayor? ¿Por qué dice Carlos Fuentes que es una «composición moderna»?

PARA COMENTAR

1. Carlos Fuentes explica: «El poder azteca era respaldado por un panteón del miedo. Dioses del viento y del fuego: protección y amenaza simultánea». ¿Qué relación ve Ud. entre el sistema político de los aztecas y la religión?
2. Exprese su opinión sobre la práctica de los sacrificios humanos.
3. En la mitología azteca, Quetzalcóatl era un dios que tenía un «rostro» y un «destino» humanos. ¿Sabe Ud. de dioses con características similares en otras religiones?

LECTURAS SUGERIDAS

Ignacio Bernal, «Los mexicas», en *Tenochtitlán en una isla*. México: Lecturas Mexicanas, 1984, pp. 141-161.

Miguel León-Portilla, *Trece poetas del mundo azteca*. México: Lecturas mexicanas, 1975. «Vinimos a soñar», p. 131; «Las flores y los cantos», pp. 205-207.

Ernesto Cardenal, «Cantares mexicanos I», «Cantares mexicanos II», op. cit. pp. 17-24.

Julio Cortázar, «La noche boca arriba» (cuento).

Cortés y Moctezuma

Resumen

Carlos Fuentes visita el puerto de Veracruz y describe el origen social del conquistador Hernán Cortés, su viaje al Nuevo Mundo y su voluntad para emprender la conquista de México. Cuenta cómo la llegada de Cortés a la costa mexicana llegó a oídos de los aztecas en el interior.

Antes del video

VOCABULARIO

el alivio	relief	el obsequio	gift
el augurio	sign, omen	la pata	foot (of animal)
el cacique	chief, leader	el relámpago	lightning bolt
el colmenar	group of beehives	la ventaja	advantage
la mezcla	mix	la viña	vineyard
el molino	mill		
jamás	never	otrora	formerly
anclar	to anchor	fracasar	to fail
arder	to burn		

FRASES UTILES

a bordo	on board
De algo no cabe duda.	Of one thing there is no doubt.
...mediante la determinación personal...	. . . by means of personal determination . . .
...se hubiese hundido desde hace tiempo...	. . . would have sunk a long time ago . . .

PARA PENSAR ANTES DE MIRAR

1. Identifique en un mapa los siguientes lugares.
   España   Cuba   Veracruz, México y la Ciudad de México

Después del video

A. ¿Verdadero (V) o falso (F)?

_____ 1. La primera tierra de México que vio Cortés fue la costa de Acapulco.

_____ 2. La ciudad de Veracruz se fundó en nombre del emperador español Carlos V.

_____ 3. Los aztecas creían que los españoles tenían dos cabezas y seis patas.

_____ 4. Hay muchos monumentos públicos dedicados a Cortés en México.

_____ 5. Cortés pertenecía a una familia de la emergente clase media española.

_____ 6. Cortés tenía 34 años cuando embarcó rumbo a las Indias.

B. Las oraciones a continuación describen sucesos que ocurrieron en la vida de Cortés. Póngalas en orden cronológico.

_____ Asistió a la Universidad de Salamanca.

_____ Llegó a México.

_____ Recibió un pedazo de tierra e indios para trabajarlo.

_____ Recibió obsequios de oro de los caciques de la costa.

_____ Salió de España para el Nuevo Mundo.

_____ Zarpó de Cuba.

La llegada de Cortés

C. Conexiones. Ponga la letra de la columna B que se relaciona con la descripción de la columna A.

A

_____ 1. «había combatido a los moros, y ahora era dueño de un molino, una viña y un colmenar»

_____ 2. «los dioses han regresado, sus lanzas escupen fuego, sus guerreros tienen dos cabezas y seis patas, y viven en casas flotantes»

_____ 3. «tenía sólo 34 años de edad. Provenía de la ciudad de Medellín, en Extremadura»

_____ 4. «un regalo muy especial que le dieron a Cortés en Tabasco»

_____ 5. «se hubiese hundido desde hace tiempo a no ser por el sostén de un árbol»

_____ 6. El emperador recibió con asombro la noticia de la llegada de los conquistadores.

B

a. la casa de Cortés
b. los españoles
c. Hernán Cortés
d. Moctezuma
e. el padre de Cortés
f. veinte muchachas indígenas

Más adelante

PREGUNTAS

1. ¿De qué clase social provenía Cortés?
2. ¿Qué pensó Moctezuma de la llegada de Cortés a México?
3. ¿Cómo recibieron a los españoles al comienzo los indios de la costa?

1. ¿Qué aspiraciones tenía Cortés al viajar al Nuevo Mundo?
2. ¿Por qué cree Ud. que no existen monumentos públicos a Cortés en México?

PARA COMENTAR

1. Describa la personalidad de Cortés. ¿En qué sentido era su actitud diferente de la de Moctezuma?
2. ¿Qué ventajas materiales tenían los conquistadores que llegaron a México?

LECTURAS SUGERIDAS

Pablo Neruda, «Cortés», en *Canto general*, op. cit. pág. 328.
José Emilio Pacheco, «Presagio» (poema), en *Tarde o temprano*. México: Fondo de Cultura Económica, 1980, pág. 157-158.
José Emilio Pacheco, «Crónica de Indias», en *Fin de siglo y otros poemas*, op. cit. pág. 29.
Carlos Monsiváis, «El hechicero del emperador», en *Nuevo catecismo para indios remisos*. México: Siglo XXI, 1982, pp. 47-48.

U N I D A D 6

La Malinche

Resumen

Frente a un retrato de la Malinche, Carlos Fuentes describe el papel que tuvo esta mujer indígena en la conquista de México y la forma en que ayudó a Cortés. Explica que la Malinche rápidamente aprendió a hablar español y que a través de ella, Cortés supo lo que pasaba en el interior.

Antes del video

VOCABULARIO

el barro	*clay*	la nave	*ship*
la exigencia	*demand*	la queja	*complaint*
la falla	*defect*	la voluntad	*will*
el/la mensajero/a	*messenger*		
entrometido/a	*meddlesome*		
bautizar (c)	*to baptize*	secuestrar	*to kidnap*
encabezar (c)	*to lead*	sobresalir (*irreg.*)	*to stand out*
enterarse de	*to become aware of*		

PARA PENSAR ANTES DE MIRAR

Averigüe el significado de las siguientes palabras.

GRUPO 1

a. llamar
b. nombrar
c. bautizar

GRUPO 2

d. indicar
e. ayudar
f. colaborar

Después del video

A. La Malinche se conoce por varios nombres. Indique con «X» los nombres que se le atribuyen.

___ Macarena

___ Malintzin

___ María

___ Marina

___ Marinera

___ Marea

Más adelante

PREGUNTAS

1. ¿Qué simbolizan los tres nombres que le dieron a la intérprete de Cortés?
2. ¿Cómo ayudó la Malinche a Cortés?
3. ¿Por qué detestaban algunos reyes vasallos al emperador Moctezuma?

SU OPINION PERSONAL

1. ¿Por qué dice Carlos Fuentes que el reino de Moctezuma «era un coloso con los pies de barro»?
2. Exprese su opinión sobre la importancia que puede tener el trabajo de un traductor o intérprete.

PARA COMENTAR

La Malinche se ha convertido en uno de los personajes más controvertidos de la historia de México. Los mexicanos llaman «malinchismo» a la mentira o la traición. ¿Cómo valora Ud. su papel histórico: fue «traidora» o «víctima»?

Moctezuma, Cortés y la Malinche

Tenochtitlán

Resumen

Apoyándose en las escenas que muestran los códices aztecas, Carlos Fuentes cuenta cómo Cortés obligó a sus soldados a iniciar la marcha hacia México. También describe su encuentro con Moctezuma, la violencia de los conquistadores contra los indígenas y las batallas.

Antes del video

VOCABULARIO

el acero	*steel*		el humo	*smoke*
la fiebre	*fever*		la pólvora	*gunpowder*
el hecho	*fact*		la virtud	*virtue*
codicioso/a	*greedy*			
apoderar	*to empower*		cargar (gu)	*to carry, bear*
aprovechar	*to take advantage of*		quejarse	*to complain*
arrojar	*to throw*			

FRASES UTILES

Le hizo trampas en el juego...
La Malinche da a luz al primer mexicano...
Tuvo lugar un gran encuentro...

He cheated him in the game . . .
Malinche gives birth to the first Mexican . . .
An important meeting took place . . .

PARA PENSAR ANTES DE MIRAR

Averigüe quiénes fueron los siguientes personajes históricos.

1. Hernán Cortés
2. Moctezuma
3. Bernal Díaz del Castillo

Después del video

A. Identifique a cada persona por su profesión o título.

_____ 1. Pedro de Alvarado

_____ 2. Bernal Díaz

_____ 3. Cuauhtémoc

_____ 4. Hernán Cortés

_____ 5. La Malinche

_____ 6. Moctezuma

a. capitán general
b. emperador
c. cronista
d. navegante
e. príncipe
f. intérprete
g. lugar teniente

B. Complete las oraciones con las palabras de la lista.

1. _____ se resistió a seguir adelante.

2. Los españoles se dividieron entre su _____
    y su miedo de la muerte.

3. Al quemar las naves, no les quedó _____ a
    los conquistadores.

4. Cortés pagó _____ de Moctezuma secuestrándole.

5. La corona española le negó a Cortés _____ .

capital azteca
deseo de fama
la tropa española
la hospitalidad
poder político
retirada
voluntad

Más adelante

Conexiones. ¿A quién(es) se refieren las siguientes frases u oraciones?

____ 1. «Le ofrecieron grandes regalos de oro y le pidieron que se fuera».

____ 2. «Tomemos las naves. Regresemos a Cuba».

____ 3. «Escribió que los españoles se quedaron admirados de la maravillosa ciudad del lago»

____ 4. Para Moctezuma el capitán español era este dios que regresaba en la fecha prevista.

____ 5. un oficial español que «mandó matar a los danzantes del gran festival de Tlaltelolco»

____ 6. el joven príncipe que encabezó a los aztecas

____ 7. «fue reducido al silencio por las piedras de su propio pueblo, que lo mataron»

____ 8. «es quien da a luz al primer mexicano y establece a través de ello el hecho central del mestizaje»

a. Bernal Díaz
b. Cuauhtémoc
c. los emisarios de Moctezuma
d. la Malinche
e. Moctezuma
f. Pedro de Alvarado
g. Quetzalcóatl
h. los soldados de Cortés

SU OPINION PERSONAL

1. ¿A qué se debió la victoria de los conquistadores?
2. ¿Qué actitud tuvieron los españoles hacia la cultura indígena?

PARA COMENTAR

1. Refiriéndose al encuentro entre Cortés y Moctezuma, Carlos Fuentes dice: «La voluntad venció a la fatalidad». Comente el significado de esta frase.
2. Comente la visión que da Carlos Fuentes del significado simbólico que tiene la Malinche en la historia de México.

LECTURAS SUGERIDAS

Bernal Díaz del Castillo. «De cómo el gran Moctezuma nos envió otros embajadores con un presente de oro y mantas, y lo que dijeron a Cortés y lo que les respondió»; «Del grande y solemne recibimiento que nos hizo el gran Moctezuma a Cortés y todos nosotros en la entrada de la gran ciudad de México», en *Historia de la conquista de la Nueva España*. México: Porrúa, 1966: 145-148; 148-150.

Miguel León-Portilla, «Tres cantos tristes de la conquista», en *Visión de los vencidos*. México: UNAM, 1982, pp. 164-170.

José Emilio Pacheco, «Lectura de los Cantares Mexicanos: manuscrito de Tlatelolco», en *Fin de siglo y otros poemas*, op. cit. pp. 26-27.

Pablo Neruda, «Cuauhtémoc», en *Canto general*, op. cit. pp. 335-336.

U N I D A D 8

La conquista:
Pizarro y los incas

Resumen

Carlos Fuentes describe el viaje de Francisco Pizarro hasta Perú, su encuentro con Atahualpa y la prisión y muerte del emperador inca. Esta sección presenta una recreación histórica de la caída del imperio incaico.

Antes del video

VOCABULARIO

la argamasa	*mortar*	el quechua	*Andean language and people (descendants of the Incas)*
la derrota	*overthrow*	el recurso	*resource*
la merced	*mercy*	el sacerdote	*priest*
ahorcar (qu)	*to hang*	emprender	*to undertake*
desplegarse (ie) (gu)	*to unfold*	quemar	*to burn*
empeñar	*to pledge*	toparse con	*to chance upon*

PARA PENSAR ANTES DE MIRAR

1. ¿Dónde estaba el imperio incaico?
2. ¿Qué es Machu Picchu y dónde está situado?

Después del video

¿Verdadero (**V**) o falso (**F**)?

_____ 1. El Pacífico fue descubierto por Vasco Núñez de Balboa.

_____ 2. Atahualpa era el legítimo emperador inca.

_____ 3. Para el pueblo quechua, el Inca era un dios.

_____ 4. Pizarro mandó quemar vivo a Atahualpa.

_____ 5. Los españoles nunca encontraron Machu Picchu.

_____ 6. Los españoles encontraron El Dorado en Ecuador.

Más adelante

Conexiones. ¿A qué o a quién(es) se refieren las siguientes descripciones?

_____ 1. un soldado brutal e iletrado que emprendió la conquista del Perú

_____ 2. «hubo de escoger entre ser quemado como pagano o convertirse al cristianismo primero y luego ser ahorcado»

_____ 3. «la ciudadela (inca) escondida que los españoles nunca encontraron»

_____ 4. «empeñados en encontrar las ciudades de oro... hubieron de aprender que... El Dorado era una ilusión»

a. Atahualpa
b. los conquistadores
c. Francisco Pizarro
d. Machu Picchu

PREGUNTAS

1. ¿Qué les ofreció Atahualpa a los españoles como precio por su libertad?
2. ¿Qué buscaban los españoles en el Nuevo Mundo?

SU OPINION PERSONAL

1. ¿Cómo era la situación política del imperio incaico a la llegada de Pizarro?
2. ¿Cuál fue la actitud del conquistador Pizarro hacia la cultura indígena?
3. ¿Qué representa la ciudadela de Machu Picchu?

PARA COMENTAR

1. Compare al conquistador Hernán Cortés con Francisco Pizarro.
2. Comente la actitud de Pizarro al hacer bautizar al emperador Atahualpa.

LECTURAS SUGERIDAS

Jesús Lara, *La poesía quechua*. México: Fondo de Cultura Económica, 1979. (Selección)
Ernesto Cardenal, «Economía de Tahuantinsuyu», op. cit. pp. 37-44.
Pablo Neruda, «Las agonías», «La línea colorada», «Elegía», en *Canto general*, op. cit. pp. 337-340.
Pablo Neruda, «Alturas de Machu Picchu» (poema). Selección.

U N I D A D 9

Buenos Aires

Resumen

Sentado en un café de Buenos Aires, Carlos Fuentes cuenta la historia de la doble fundación de la ciudad de Buenos Aires, y la dura realidad que encontraron los españoles en ese territorio.

Antes del video

VOCABULARIO

el anillo	*ring*	el saco	*looting, plunder*
la orilla	*shore*		
atraer (*irreg.*)	*to attract*	disfrazar (c)	*to disguise*

PARA PENSAR ANTES DE MIRAR

1. ¿Dónde queda Buenos Aires?
2. Averigüe el significado de los siguientes términos.
   a. ilusión
   b. fantasía
   c. leyenda
   d. mito

Después del video

Complete las oraciones con las palabras de la lista.

1. En 1536 una expedición entró por _____

   del río de la Plata.

2. _____ de Buenos Aires es que fue fundada

   dos veces.

3. Buenos Aires fue fundada en 1536 por

   _____, un cortesano español.

4. Los soldados vinieron al Nuevo Mundo atraídos por el mito de _____.

5. En 1580, _____ refundó la ciudad con perfecto orden.

el camino
El Dorado
el estuario
Hernán Cortés
Juan de Garay
Pedro de Mendoza
la prosperidad
la singularidad

Más adelante

PREGUNTAS

1. ¿Por qué aumentó el interés de los españoles por venir al Nuevo Mundo? ¿Qué buscaban?
2. ¿Qué problemas encontraron los españoles en estas tierras?
3. ¿Cómo reaccionaron los indios de Argentina ante la invasión de los españoles?

SU OPINION PERSONAL

1. Compare la conquista del territorio argentino con la conquista de México y Perú. ¿En qué se diferencian?
2. ¿Qué opina Ud. del destino que tuvo Pedro de Mendoza, el primer fundador de Buenos Aires?

PARA COMENTAR

1. ¿En qué se diferencia un hecho histórico de una leyenda?
2. ¿Qué sabe Ud. de la leyenda de El Dorado?

Ciudades nuevas

Resumen

Carlos Fuentes visita San Juan, la capital de Puerto Rico; describe los tipos de ciudades que fueron fundando los españoles en el Nuevo Mundo.

Antes del video

VOCABULARIO

el baluarte	*bastion*
el capricho	*whim*
el desafío	*challenge*
la fortaleza	*fort*
extranjero/a	*foreign*
concebir (i, i)	*to conceive*

PARA PENSAR ANTES DE MIRAR

Averigüe el significado de las siguientes palabras.

1. construir
2. edificar
3. fundar
4. crear

Después del video

¿Verdadero (**V**) o falso (**F**)?

_____ 1. España fundó cientos de grandes ciudades en el Nuevo Mundo.

_____ 2. La mayoría de las construcciones fueron hechas por esclavos negros traídos de Africa.

_____ 3. Las primeras fundaciones fueron ciudades fortaleza.

_____ 4. Muchas de las ciudades funcionaban como puertos de tránsito para el oro y la plata.

_____ 5. Las ciudades mantenían el estilo y la atmósfera del pasado indígena.

Más adelante

PREGUNTAS

1. ¿Qué función cumplían las primeras «ciudades fortaleza»?
2. ¿Quiénes hicieron el trabajo de construcción de esas ciudades?
3. ¿Dónde estaban situadas las grandes capitales virreinales?

PARA COMENTAR

Comente el significado simbólico que tiene la entrada principal del palacio de Montejo, en Mérida.

U N I D A D   1 1

Los indígenas:
servidumbre y esclavitud

Resumen

Carlos Fuentes describe la situación de servidumbre a que fueron sometidos los indios durante el período colonial y el debate que se produjo tanto en el Nuevo Mundo como en España sobre los derechos de los pueblos indígenas.

Antes del video

VOCABULARIO

el aliado	*ally*	el lema	*slogan*
el auditorio	*audience*	la ley	*law*
la capilla	*chapel*	el ocio	*free time*
la cima	*summit*	la servidumbre	*servitude*
la imprenta	*printing*	el súbdito	*royal subject*
aterrador(a)	*terrifying*	jurídico/a	*legal*
súbitamente	*suddenly*		
destacarse (qu)	*to stand out*	someter	*to submit*
diezmar	*to decimate*	traducir (zc) (j)	*to translate*

FRASES UTILES

sin embargo...   *nevertheless . . .*
mano de obra   *manual labor*

PARA PENSAR ANTES DE MIRAR

Averigüe el significado de cada palabra o frase en los siguientes grupos.

GRUPO 1

a.   esclavitud
b.   servidumbre
c.   trabajo asalariado

GRUPO 2

d.   tributo
e.   impuesto
f.   compensación

Después del video

A.   **Conexiones.** ¿A quién(es) se refiere cada frase u oración?

____ 1.   «¿Qué habéis hecho de los Indios? ¿No son éstos súbditos del rey?»

____ 2.   «La ley se obedece, pero no se cumple»

____ 3.   «necesitaban muchos hombres que les sirvieran»

____ 4.   «me hubiera gustado a mí invadir y conquistar a España»

____ 5.   «¿qué nos parecería si los indios se comportaran con nosotros, los españoles, como nosotros con ellos...»

a.   el cacique Caupolicán
b.   Fray Bartolomé de las Casas
c.   Carlos Fuentes
d.   los colonizadores españoles
e.   el padre Francisco de Vitoria
f.   los virreyes

B.   Relacione las personas con los sucesos.

____ 1.   Abolió las encomiendas y estableció colegios para los indios.

____ 2.   Afirmó la humanidad de los pueblos sometidos.

____ 3.   Cacique araucano que fue empalado.

____ 4.   Escribió un libro que ilustró las crueldades de los españoles.

____ 5.   Encabezó una revolución india contra los españoles.

____ 6.   No tenían interés en que los indios fueran educados.

____ 7.   Preguntaron con qué derecho los españoles mantenían a los indios en servidumbre.

a.   Antonio de Montesinos
b.   Bartolomé de las Casas
c.   Carlos V
d.   Caupolicán
e.   los colonizadores
f.   Francisco de Vitoria y Francisco Suárez

C. Complete las oraciones con palabras de la lista.

clases medias ascendientes   salarios bajos
hidalgos   sus derechos imperiales
instrucción religiosa   un libro por Fray Bartolomé
monasterios y capillas   de las Casas
palacios elegantes

1. La mayoría de los españoles que llegaron al Nuevo Mundo

   provenían de _____.

2. Los recién llegados querían ser lo que sus padres no habían

   sido: querían ser _____.

3. Por su trabajo y tributo, los indios recibieron

   _____.

4. La creación de la *Leyenda negra* se debe mucho a _____.

5. A Fuentes le parece raro que España tuviera dudas sobre _____.

6. El clero utilizó el trabajo del indio para levantar _____.

Más adelante

PREGUNTAS

1. ¿Qué aspiraciones tenían los españoles que llegaron a vivir al continente americano?
2. ¿En qué consistía la encomienda?
3. ¿Quién era Fray Bartolomé de las Casas?
4. ¿Cuál fue la actitud de la monarquía española frente al debate sobre los derechos de los indios?

SU OPINION PERSONAL

1. ¿Quiénes se destacaron en América por su defensa de los indios?
2. ¿Qué simboliza históricamente la capilla de la Virgen de los Remedios, construida en Cholula?

PARA COMENTAR

1. Explique la contradicción que existía entre los intereses de los colonizadores y los principios humanistas de la Iglesia.
2. Carlos Fuentes afirma: «El imperio británico, el francés, el portugués o el holandés, no tuvieron duda alguna acerca de sus derechos imperiales. España los tuvo». ¿En qué se diferencia la actitud de la monarquía española de la que tuvieron los ingleses en los Estados Unidos respecto a los derechos de los indígenas?

LECTURA SUGERIDA

Ernesto Cardenal, «Doña Beatriz la sin ventura», en *Nueva antología poética*. México: Siglo XXI, 1983, pp. 113-120.

La Virgen de Guadalupe

Resumen

Carlos Fuentes visita algunos centros religiosos de México y describe la manera en que las culturas indígenas fueron adaptando el cristianismo impuesto por los colonizadores a sus antiguas ideas religiosas, para producir finalmente una visión mestiza del mundo y de la religión.

Antes del video

VOCABULARIO

la colina	*hill*	el paraíso	*paradise*
el grabado	*engraving*	el testigo	*witness*
moreno/a	*dark*		

PARA PENSAR ANTES DE MIRAR

Averigüe el significado de las siguientes palabras.

GRUPO 1

a. imagen
b. retrato
c. grabado

GRUPO 2

d. rito
e. concepto
f. símbolo

Después del video

A. Indique qué ocurrió en los sitios nombrados en la columna A.

A

____ 1. Huejotzingo

____ 2. el Nuevo Mundo

____ 3. la Ciudad de México

____ 4. la capilla de Tonantzintla

____ 5. Puebla

____ 6. una colina donde había antes un templo azteca

B

a. la aparición de la Virgen
b. Se construyó un importante monasterio.
c. un gran festival de la Virgen de Guadalupe
d. Encontró a un padre espiritual en Jesús.
e. Se hundieron tres barcos con tesoros.
f. Llegaron doce frailes franciscanos.
g. Los indios hicieron las imágenes.
h. Se descubrió una rica mina de plata.

B. Complete las oraciones con las palabras de la lista.

1. La Virgen de Guadalupe es un símbolo de

   _____.

2. El Cristo crucificado recuerda

   _____.

3. Juan Diego era _____.

4. Los frailes que llegaron de España trajeron consigo

   _____.

5. En la capilla de Tonantzintla se ve a los españoles como _____.

antiguos ritos sacrificiales
conquistador español
demonios
dioses omnipotentes
enfermedades
ideas utópicas
la crueldad de los españoles
la unidad mexicana
un humilde trabajador

Más adelante

PREGUNTAS

1. ¿Cómo celebran en México el festival de la Virgen de Guadalupe?
2. ¿Cómo están representados los españoles y los indios en los grabados de la capilla de Tonantzintla?

SU OPINION PERSONAL

1. ¿Por qué se venera a la Virgen de Guadalupe como símbolo de la unidad nacional de México? ¿A quiénes representa?
2. ¿Con qué dios antiguo identificaban los indígenas a Cristo?
3. La celebración del primero de noviembre se llama «Día de los Muertos» y también «Día de Todos los Santos». ¿Qué tradiciones culturales se unen aquí?

PARA COMENTAR

1. Basándose en algunas escenas del video, explique cómo se presenta en ellas el sincretismo religioso del pueblo mexicano.
2. A partir de la información histórica que nos da *El espejo enterrado*, ¿puede explicar en qué consiste la idea de «mestizaje» que ha usado Carlos Fuentes?

LECTURAS SUGERIDAS

Bartolomé de las Casas, *Brevísima relación de la destrucción de las Indias* (Selección).
Pablo Neruda, «Las haciendas», *Canto general*, op. cit. pp. 371-372.
Carlos Monsiváis, «El placer de los dioses», *Nuevo catecismo para indios remisos*, op. cit. pp. 82-83.

La muerte y
lo sagrado

Resumen

Carlos Fuentes presenta una ceremonia religiosa que se practica en una aldea del altiplano del Perú, donde los indígenas suben hacia la cordillera llevando una imagen de Cristo, que simboliza el renacimiento del mundo.

Antes del video

VOCABULARIO

la aldea	*village*
la llama	*flame*
la ofrenda	*offering*
el techo	*roof*

PARA PENSAR ANTES DE MIRAR

Averigüe el significado de las siguientes palabras.

1. tradición
2. adaptación
3. cambio
4. resistencia
5. revolución

Después del video

¿Verdadero (**V**) o falso (**F**)?

_____ 1. El Día de los Muertos se celebra el 30 de noviembre.

_____ 2. Para escapar de la persecución, muchos indígenas huyeron hacia la costa.

_____ 3. La conquista fue un desastre para los pueblos indios.

_____ 4. La mayoría de los habitantes del altiplano del Perú son paganos.

_____ 5. De la catástrofe de la conquista nació la conciencia hispánica.

Más adelante

PREGUNTAS

1. ¿Es católica o indígena la ceremonia que practican los indios del altiplano?
2. ¿Cuáles son las «cuestiones de la justicia» que se han preguntado los hispanoamericanos?

SU OPINION PERSONAL

1. ¿Por qué llevan los indios del altiplano a su Cristo hacia la cordillera y no a una iglesia del pueblo?
2. ¿Qué simboliza, en su opinión, esta ceremonia religiosa?
3. ¿Por qué los hispanoamericanos se han tenido que preguntar desde el principio cuál es su identidad?

PARA COMENTAR

1. Comente la siguiente oración de Carlos Fuentes sobre la población indígena del continente americano: «Nos están diciendo que son parte de nuestra comunidad cultural. Nos advierten que si los olvidamos a ellos, nos olvidamos a nosotros mismos».
2. Escriba una composición de media página sobre el valor que puede tener la tradición indígena en la comunidad cultural de los Estados Unidos. ¿Qué ideas valiosas puede ofrecer el mundo indígena a la sociedad contemporánea?

E N   F I N

En el programa II Fuentes relata la conquista del Nuevo Mundo por los españoles. Fuentes titula este programa «La batalla de los dioses». Escriba un breve ensayo sobre el significado de este título. En su ensayo deberá considerar las siguientes cuestiones.

1. ¿Quiénes eran «los dioses» a que se refiere Fuentes?
2. ¿Qué papel tuvo la religión en la conquista?
3. ¿De qué manera pudo sobrevivir la religión de los pueblos indígenas?

LECTURA SUGERIDA

Ernesto Cardenal, «Tahirassawichi en Washington», op. cit. 62-65.

La Edad de Oro

Carlos V

Carlos V y
el Nuevo Mundo

Resumen

A la edad de 16 años Carlos I, mejor conocido por el título de Sacro Emperador Romano Germánico Carlos V, heredó España y todas sus posesiones. El imperio español llegó a ser el más extenso y poderoso del mundo. Durante su reinado en el siglo XVI, España conquistó México y el Perú, y el oro y la plata fluyeron a España. Alrededor de la riqueza minera, basada en el trabajo indígena, creció una civilización colonial y barroca, como en Potosí, la más grande ciudad del Nuevo Mundo en el siglo XVII. El trato que recibían los mineros era terrible; sólo la coca pudo aliviarles el hambre y el cansancio de sus vidas.

Antes del video

VOCABULARIO

el estaño	*tin*	la uña	*finger or toenail*
la jornada	*working day*	la veta	*vein of ore*
el trato	*treatment*		
sometido/a a	*subjected to*		
aliviar	*to lessen*	huir (y)	*to flee*
atar	*to tie*	pisotear	*to step on*
fluir (y)	*to flow*	repartir	*to distribute*

FRASES UTILES

Las minas multiplicaron por siete...	*The number of mines increased sevenfold . . .*
Los trabajadores llevan siglos...	*The workers have spent centuries . . .*
Trabajan a cambio de dos dólares diarios...	*They work for two dollars a day . . .*

PARA PENSAR ANTES DE MIRAR

1. Busque en un mapa los siguientes países europeos: Holanda, Alemania, Austria, Inglaterra, España.
2. Busque en un mapa la región sudamericana llamada Altiplano.

Después del video

A. Conexiones. Ponga la letra de la columna B que se relaciona con la frase de la columna A.

A

B

_____ 1. «lo que le proporcionó a España, y através de España a Europa, esta gran riqueza»

_____ 2. «se convirtió en la más grande ciudad del Nuevo Mundo»

_____ 3. Describió las riquezas naturales del Nuevo Mundo: «parece que toda esta tierra está como sembrada de estos metales»

_____ 4. «la institución colonial que ató al trabajador y a su familia a la mina durante todas sus vidas»

_____ 5. «el regalo de Dios para los pobres, aliviando el tedio del largo trabajo subterráneo»

_____ 6. «nacido en Flandes, primogénito de la Casa de Austria, a la edad de 16 años heredó España y todas sus posesiones»

a. Carlos V
b. la coca
c. la Mita
d. el padre jesuita Acosta
e. Potosí
f. el trabajo indígena
g. Neruda

B. ¿Verdadero (**V**) o falso (**F**)?

_____ 1. España descubrió vastos tesoros en México y el Perú.

_____ 2. Los mineros lograban vivir hasta una edad bastante avanzada.

_____ 3. La coca es un alimento básico de la dieta peruana.

_____ 4. «Piedras cansadas» son las que son demasiado pesadas para ser usadas en la construcción de los edificios.

_____ 5. Entre los mineros, hay gran separación entre los ritos cristianos e indígenas.

_____ 6. La mayoría de la riqueza del Nuevo Mundo provenía de las minas.

Huayna Potosí, en los Andes

C. Indique con «X» cuáles de los siguientes lugares eran posesiones de Carlos V.

____ 1. Alemania   ____ 5. España   ____ 9. Inglaterra

____ 2. Austria   ____ 6. Filipinas   ____ 10. Las Américas

____ 3. Bélgica   ____ 7. Francia   ____ 11. Sicilia

____ 4. Cerdeña   ____ 8. Holanda   ____ 12. Suecia

D. Complete las oraciones con las palabras de la lista.

1. El creador del imperio español era _____.

2. La civilización indígena existió mucho antes de

_____.

3. _____ era un padre jesuita.

4. Las minas fueron drenadas por _____.

5. «Sin _____ el mundo perecerá».

Carlos V
la conquista
la explotación
José de Acosta
la religión
el sacrificio

Más adelante

PREGUNTAS

1. ¿Cómo era la ciudad de Potosí en la época colonial?
2. ¿Qué hicieron los españoles para extraer las riquezas de las minas?
3. ¿Qué extensión llegó a tener el imperio español de Carlos V?
4. ¿Qué importancia tiene la hoja de coca para los indígenas que trabajan en el altiplano?
5. ¿Qué rito religioso practican los mineros en la mina de Potosí?

SU OPINION PERSONAL

1. ¿En qué consistía la institución de la «mita»?
2. ¿Cómo describiría Ud. las condiciones de trabajo de los indígenas en las minas, en el pasado y en el presente?
3. Un minero le dijo al poeta Pablo Neruda: «Estoy viejo como las piedras». ¿Cómo interpreta Ud. esta frase?

PARA COMENTAR

1. Comente la importancia que tuvo el Nuevo Mundo en el fortalecimiento económico del imperio español durante el reinado de Carlos V.
2. En estos tiempos hay un gran debate sobre el problema de las drogas. Hay algunos que opinan que debe prohibirse el cultivo de la planta de coca en el Altiplano. Hay otros que se oponen a esta medida, diciendo que la hoja de coca forma parte de la tradición cultural de los habitantes nativos. Dé su opinión sobre este tema.

LECTURAS SUGERIDAS

Pablo Neruda, «José Cruz Achachalla (minero, Bolivia)», en *Canto General, Obras completas*, 2a. ed. Buenos Aires: Editorial Losada, 1962, pp. 524-525.
René Poppe, ed. *Narrativa minera boliviana*. Antología. La Paz: Ediciones Populares Camarlinghi, 1983.

Nombre _____ Fecha _____ Clase _____

U N I D A D   2

Carlos V:
España y Europa

Resumen

Carlos V gobernó el más grande de todos los imperios modernos. Su propósito era unificar a la cristiandad, pero los problemas del joven rey empezaron en la propia España. Su mayor dolor de cabeza fue la rebelión de las comunidades de Castilla: los comuneros. Carlos V los derrotó y el sistema autoritario se impuso en España y también en las colonias. Pero fuera de España el rey se vio constantemente empeñado en acciones contra sus rivales y contra la reforma protestante.

Antes del video

VOCABULARIO

el clero	clergy	el impuesto	tax
la fase	phase	el propósito	purpose
el flamenco	flamenco		
pío/a	pious		
apoyar	to support	ensayar	to practice
derrotar	to defeat	imponer (irreg.)	to impose
empeñar	to pledge, dedicate		

FRASES UTILES

La revolución trataba de los privilegios. — *The revolution had to do with privileges.*
La revolución trataba de mantener los privilegios. — *The revolution tried to maintain the privileges.*

PARA PENSAR ANTES DE MIRAR

Averigüe el significado de:

a. imperio
b. reino
c. colonia
d. comunidad

Después del video

A. Busque el antónimo y ponga la letra correspondiente.

____ 1. **unificar**   a. juntar   b. separar   c. acabar   d. dispensar

____ 2. **exigir**   a. aceptar   b. explicar   c. salir   d. matar

____ 3. **masa**   a. gente   b. población   c. individuo   d. comunidad

B. ¿A quién(es) o a qué se refieren las siguientes descripciones?

____ 1. sitio de una batalla

____ 2. Derrotó el imperio azteca.

____ 3. Encabezó la reforma protestante.

____ 4. sitio de un monasterio

____ 5. centro de mucha resistencia contra la Corona

____ 6. Encabezó la rebelión.

____ 7. No hablaba español.

____ 8. Luchaban por la democracia.

a. Carlos V
b. los Comuneros
c. Hernán Cortés
d. Juan Bravo
e. Martín Lutero
f. Segovia
g. Villalar
h. Yuste

C. Indique con «X» cuáles de las siguientes frases se refieren a Carlos V.

____ 1. «fue acusado de no hablar español»

____ 2. «se enfrentó a los Comuneros y los derrotó»

____ 3. «fue decapitado en una plaza de Segovia»

____ 4. «se vio constantemente empeñado en acciones guerreras contra sus rivales europeos»

____ 5. «se retiró al Monasterio de Yuste, terminando su vida en devociones pías... y, a veces, hasta ensayando su propio funeral»

Más adelante

PREGUNTAS

1. ¿Qué objetivos se proponía el rey Carlos V?
2. ¿Quién era Juan Bravo?
3. ¿Qué objetivos políticos tuvo la rebelión de los comuneros castellanos?
4. ¿Qué otros problemas debió enfrentar Carlos V durante su reinado?

SU OPINION PERSONAL

1. ¿Por qué apoyó la aristocracia al comienzo la revolución de los comuneros y luego les quitó el apoyo?
2. ¿En qué sentido puede decirse que esa revolución tenía objetivos «democráticos»?
3. ¿Piensa Ud. que Carlos V estaba preparado para gobernar España?

PARA COMENTAR

1. ¿Qué parecidos y diferencias se podrían establecer entre la revolución de los comuneros de 1512 y otras revoluciones que ocurrieron posteriormente en Europa y América?
2. Comente la siguiente opinión de Carlos Fuentes: «Me parece significativo que el mismo año en que Carlos V derrotó a las comunidades castellanas, 1521, Hernán Cortés conquistó el imperio azteca. El sistema autoritario se impuso en España pero también en sus colonias. La democracia tendría que esperar».

LECTURA SUGERIDA

José Emilio Pacheco, «Fray Antonio de Guevara reflexiona mientras espera a Carlos V», en *Fin de siglo y otros poemas*, México, Lecturas Mexicanas, 1984, pp. 48-49.

U N I D A D 3

Felipe II

Resumen

Carlos V entregó su herencia a su hijo Felipe II. El nuevo monarca heredó muchos dolores de cabeza. El tesoro de las Indias se usó para pagar las interminables guerras de España de manera que muy pronto la mayor parte de esas riquezas había pasado a otros países. Pero el imperio católico de España abarcaba la mitad del mundo y el resto de Europa, amenazado por la superioridad de los españoles, se dedicó a detener esa expansión imperial. Los piratas ingleses y franceses atacaron sus barcos pero Felipe II obtuvo un gran éxito naval contra los turcos en Lepanto. El rey resolvió también imponerse a los europeos con la Armada Invencible. Su derrota fue un desastre y Felipe II se retiró al Escorial donde siguió gobernando encerrado en su cuarto.

Antes del video

VOCABULARIO

la bahía	*bay*	el hereje	*heretic*
el corsario	*pirate*	el naufragio	*shipwreck*
el éxito	*success*	la sede	*seat of power*
la flotilla	*fleet*		
creciente	*growing*	proveniente de	*originating*
amenazar (c)	*to threaten*	saquear	*to pillage*
atreverse a (*irreg.*)	*to dare*	sobrevivir	*to survive*
entregar (gu)	*to hand over*	trasladar	*to transfer*
hundir	*to sink*		

FRASES UTILES

El vio pasar la flota.	*He saw the fleet pass by.*
De manera que...	*So . . .*
Finalmente acabó siendo cierto...	*It eventually proved to be true . . .*
...del tamaño de un armario	*. . . the size of a closet*
Se dio a sí mismo...	*He gave himself . . .*

PARA PENSAR ANTES DE MIRAR

1. Averigüe cuáles eran los principales puertos que existían en el Nuevo Mundo en la época colonial.
2. Averigüe cuáles eran las rutas marítimas entre los puertos de España e Inglaterra.

Después del video

A. Conexiones. Ponga la letra de la columna B que se relaciona con la columna A.

A

_____ 1. «heredó muchos dolores de cabeza, sobre todo el de la sobre-extensión imperial, pero también vastas posesiones»

_____ 2. «el único punto autorizado para recibir el tesoro de las Indias»

_____ 3. «había pasado como agua entre las manos de España y se encontraba en cuatro grandes centros de Europa...»

_____ 4. «vendámosles bienes manufacturados... y que nos paguen con oro y plata»

_____ 5. «es pobre porque es rica»

_____ 6. «se sintieron amenazados por España»

_____ 7. «de Veracruz en México a Valparaíso en Chile, atacó, ocupó brevemente, saqueó y partió»

_____ 8. «celebrada como una gran victoria de la flota española sobre el infiel»

_____ 9. «sufrió un naufragio en las costas de Irlanda e Inglaterra»

_____ 10. «concebido por el rey como monasterio, necrópolis y fortaleza de la fe»

B

a. la Armada Invencible
b. El Escorial
c. España
d. Felipe II
e. Francis Drake
f. Lepanto
g. Luis XIX de Francia
h. otros poderes europeos
i. Sevilla
j. el tesoro americano

B. ¿A quién se refieren las siguientes descripciones?

_____ 1. Vendió bienes manufacturados a España.

_____ 2. Organizó la trata de esclavos.

_____ 3. Pintó fantasías de la carne y el pecado.

_____ 4. Murió encarcelado por su padre.

_____ 5. Fue un pirata inglés.

_____ 6. Gobernó un imperio desde un cuarto pequeño.

_____ 7. Recibió barcos llenos de tesoros.

_____ 8. Envió una flotilla a España.

a. Carlos V
b. Don Carlos
c. Felipe II
d. Francis Drake
e. Hernán Cortés
f. Jerónimo el Bosco
g. John Hawkins
h. Luis XIX

C. Indique con «X» las terminaciones correctas.

1. El tesoro de las Américas se usó para pagar...

_____ casas para los pobres

_____ guerras dinásticas

_____ importaciones de bienes manufacturados

_____ la lucha contra los protestantes

_____ el mantenimiento de la aristocracia

_____ monumentos ostentosos

2. Felipe II...

_____ apoyaba la Reforma protestante

_____ luchó contra Holanda

_____ era buen amigo de Francis Drake   _____ se llamaba «Defensor de la fe»

_____ era hijo de Fernando e Isabel   _____ fue llamado «El Prudente»

D. Indique con «X» cuáles de las siguientes frases describen a Felipe II.

_____ 1. quería «impedir que España trasladara su superioridad en América a una superioridad comparable en Europa»

_____ 2. «atacó Veracruz y otros puertos... y organizó y mantuvo la trata de esclavos entre Africa y el Caribe»

_____ 3. «resolvió imponerse también a sus rebeldes súbditos holandeses y a su aliada Inglaterra»

_____ 4. «desde esta pequeña oficina gobernó el imperio más grande que hasta entonces había conocido la historia»

_____ 5. «la idea de la muerte debió acompañarle siempre...»

Más adelante

PREGUNTAS

1. ¿Quién fue Felipe II?
2. ¿En qué gastó la Corona española el tesoro de las Indias?
3. ¿Qué hicieron las naciones europeas para impedir la superioridad del poder imperial de España?
4. ¿Quién fue Francis Drake?
5. ¿Con qué objetivos organizó Felipe II la Armada invencible? ¿Qué resultados tuvo?
6. ¿Cómo era el monasterio de El Escorial?

La Torre de Oro (Sevilla)

SU OPINIÓN PERSONAL

1. En la época de Felipe II se decía: «España es pobre porque España es rica». ¿Qué significaba esto?
2. ¿Quiénes eran los corsarios o piratas? ¿Qué intentaban?
3. ¿Por qué decidió Felipe II retirarse al palacio de El Escorial?

PARA COMENTAR

1. Describa la personalidad del rey Felipe II, llamado «El Prudente».
2. Explique de qué manera las riquezas provenientes del Nuevo Mundo contribuyeron a desarrollar el poder de las otras naciones europeas.

LECTURA SUGERIDA

Miguel de Unamuno, «Muere Felipe II en El Escorial», «Ay Escorial, las historias», en *Obras completas*, Tomo VX. Madrid: Afrodisio Aguado, 1958, pp. 248, 541.

El Siglo de Oro:
Cervantes

Resumen

Con su libro *Don Quijote de la Mancha*, publicado en 1605, Miguel de Cervantes funda la novela moderna en la nación más empeñada en negarle entrada a la modernidad. Y mientras la España de la Inquisición impone un punto de vista único, Cervantes imagina un mundo de múltiples puntos de vista. La duda y la fe, la certidumbre y la incertidumbre son los temas del mundo moderno que presenta la novela de Cervantes. Velázquez en su cuadro *Las Meninas* también nos enseña otra manera de ver la realidad en términos de la imaginación.

Antes del video

VOCABULARIO

la caballería	*chivalry*	la incertidumbre	*uncertainty*
el enano	*dwarf*	el mago	*magician*
el gigante	*giant*	el molino	*windmill*
el huérfano	*orphan*	la sombra	*shadow*
empeñado/a	*committed*		
burlar	*to make fun of*	enamorarse (de)	*to fall in love (with)*

FRASES UTILES

...dejando atrás su refugio...   ... *leaving behind his shelter* ...
De tal suerte que...   *In such a way that* ...

PARA PENSAR ANTES DE MIRAR

1. ¿Qué sabe Ud. de la novela *Don Quijote*?
2. Averigüe el significado de cada palabra.

GRUPO 1

a. campesino
b. hidalgo
c. caballero
d. príncipe
e. rey

GRUPO 2

a. realidad
b. fantasía
c. verdad
e. mentira
e. sueño

Después del video

A. Conexiones. Ponga la letra de la columna B que se relaciona con la columna A.

A

_____ 1. «funda la novela moderna»

_____ 2. «impone un punto de vista único»

_____ 3. «su lectura es su locura y para él los molinos son gigantes»

_____ 4. «¿una humilde muchacha del campo o una gran princesa?»

_____ 5. «a la novela de *Don Quijote* la llamó "la obra más triste que jamás se ha escrito"»

_____ 6. «Cervantes nos enseña a leer de nuevo y (él) nos enseña a ver de nuevo»

_____ 7. un cuadro en que «la mayoría de las figuras nos están mirando a nosotros»

B

a. Cervantes
b. Don Quijote
c. Dulcinea
d. Dostoievsky
e. la Inquisición
f. *Las Meninas*
g. Velázquez

B. Indique con «X» las oraciones que describen a Don Quixote.

_____ 1. Vive en los campos de la Mancha.

_____ 2. No sabe leer.

_____ 3. Ataca un molino creyendo que es un gigante.

_____ 4. Tiene un caballo que se llama Rocinante.

_____ 5. Roba a los ricos para darles el dinero a los pobres.

_____ 6. Su nombre es Alonso Quijano.

_____ 7. Su dama idealizada se llama Blancanieves.

_____ 8. Su mejor amigo es un campesino llamado Sancho Panza.

Miguel de Cervantes

C. ¿Cuáles de los siguientes personajes aparecen en el cuadro *Las Meninas*? Identifíquelos con «X».

_____ un artista   _____ un perro

_____ una enana   _____ una princesa

_____ un gato   _____ un príncipe

_____ un hombre vestido de negro   _____ un rey

Más adelante

PREGUNTAS

1. ¿Quién es Don Quijote de la Mancha?
2. ¿Qué hace cuando ve los molinos de viento?
3. ¿Qué personajes están representados en el cuadro *Las Meninas* de Velázquez?
4. ¿A quiénes están mirando esos personajes?

SU OPINION PERSONAL

1. ¿Por qué afirma Carlos Fuentes que el Quijote es una novela «moderna»?
2. ¿Cómo se presenta la ambigüedad o incertidumbre en la novela?
3. Carlos Fuentes dice que el cuadro de Velázquez invita a ver el mundo de múltiples maneras. ¿Cómo se presenta esta diversidad de perspectivas?

PARA COMENTAR

1. La novela *Don Quijote de la Mancha* cuenta la historia de un hidalgo pobre que cree ser un valeroso caballero andante y que sale de su aldea a luchar por la justicia. Cree que Dulcinea, una muchacha campesina de quien se ha enamorado, es una princesa. En la segunda parte de la novela, don Quijote lee lo que han escrito de él en la primera parte. Comente cómo se presenta aquí la oposición entre la *realidad* y la *ilusión* o entre la *razón* y la *locura*.
2. Describa con sus propias palabras lo que Ud. ve pintado en el cuadro *Las Meninas*. Comente qué impresión especial le produce ese cuadro.

LECTURAS SUGERIDAS

Jorge Luis Borges, «Parábola de Cervantes y de Quijote», en *El hacedor*. Buenos Aires: Emecé Editores, 1971, pág. 38.

Rubén Darío, «Letanía de nuestro señor Don Quijote», en *Poesías*. Caracas: Biblioteca Ayacucho, 1977, pp.294-96.

Rafael Alberti, «Velázquez», op. cit. pp. 757-763.

«Discurso de Carlos Fuentes en la entrega del Premio Cervantes 1987», en *Carlos Fuentes*. Barcelona: Anthropos/Ministerio de Cultura, 1988, pp. 69-80.

U N I D A D 5

El barroco

Resumen

La sociedad colonial de América buscó la manera de expresar su propia imaginación y la encontró en el barroco. La paradoja dominante del barroco hispanoamericano es que es un arte de la abundancia, pero al mismo tiempo es el arte de los que nada tienen. El barroco permitió reunir en expresión sincrética elementos del cristianismo europeo y de las culturas indígenas.

Antes del video

VOCABULARIO

la capilla   *chapel*
el cirio   *candle*
la jaula   *cage*

la paradoja   *paradox*
la parra   *grapevine*

FRASES UTILES

...en pie de igualdad...

. . . *on equal footing* . . .

PARA PENSAR ANTES DE MIRAR

Averigüe el significado de los siguientes conceptos literarios.

1. realismo
2. barroco
3. rococó

Después del video

A. ¿Verdadero (**V**) o falso (**F**)?

_____ 1. Cervantes y Velázquez presentan una visión diferente a la ortodoxia de la Contrarreforma.

_____ 2. Los pueblos indígenas eran obligados a aceptar una civilización que no era la suya.

_____ 3. El sueño de crear una utopía en América fue destruido por enfermedades y guerras.

_____ 4. Entre los ángeles de la fachada de San Lorenzo aparecen guerreros indios.

_____ 5. El arte del barroco une culturas muy diferentes.

_____ 6. La religión sigue tocando todos los aspectos de la vida latinoamericana hoy en día.

_____ 7. La gente de Querétaro lleva pájaros como ofrendas a la iglesia.

B. Indique con «X» cuáles de las frases indican características del barroco.

_____ 1. «la sociedad colonial de las Américas buscó una manera de expresar su propia imaginación»

_____ 2. «es un arte de la abundancia, pero al mismo tiempo es el arte de los que nada tienen»

_____ 3. «todos los símbolos de la derrotada cultura incaica desaparecen»

_____ 4. «su gloria es una versión del reino de Dios en la tierra»

Más adelante

PREGUNTAS

1. ¿Qué culturas se unen en el barroco del Nuevo Mundo?
2. ¿Qué símbolos de la cultura incaica aparecen representados en las iglesias de Potosí?
3. ¿Por qué son importantes las fiestas religiosas en las comunidades campesinas de México?

SU OPINIÓN PERSONAL

1. ¿Qué ocurrió durante el barroco colonial con las antiguas religiones indígenas?
2. ¿En qué consiste el sincretismo religioso y cultural representado en el arte del barroco?

PARA COMENTAR

1. Carlos Fuentes dice que durante la época colonial se estaba formando en las Américas «una sociedad nueva, con su propia fe, su propio lenguaje, sus propias costumbres y sus necesidades propias». ¿Qué elementos culturales presentados en este episodio le parecen «nuevos» o propios de Latinoamérica?
2. ¿Cree Ud. que en la sociedad estadounidense se han mantenido costumbres que provienen de las tradiciones indígenas?

LECTURAS SUGERIDAS

Carlos Monsiváis, «Las dudas del predicador», en _Nuevo catecismo para indios remisos_. México: Siglo XXI, 1982, pág. 17.
Ernesto Cardenal, «El cielo cuna», en Juan Armando Epple, op. cit. pág. 165.

Casa de la libertad (Sucre, Bolivia)

U N I D A D 6
Los negros

Resumen

Junto con los europeos y los indios, los negros son el tercer gran elemento de la cultura hispanoamericana. Vinieron primero como criados pero con la extinción de la raza india en el Caribe se organizó el tráfico de esclavos de Africa. A pesar de todo, es evidente que siempre han sido un factor decisivo en la cultura del Nuevo Mundo.

Antes del video

VOCABULARIO

el/la amo/a (f.)	master/mistress	el cimarrón (la cimarrona)	fugitive, runaway
el capataz	foreman	la supervivencia	survival
atado/a	tied	ingenuo/a	naive

FRASE UTIL

Los negros dejaron de venir como sirvientes. *The blacks stopped arriving as servants.*

PARA PENSAR ANTES DE MIRAR

Averigüe en qué países latinoamericanos es más predominante la presencia cultural.

1. europea
2. africana
3. indígena
4. portuguesa

5. china
6. japonesa
7. hindú

Después del video

A. Complete las oraciones con las palabras de la lista.

1. Los negros fueron traídos a _____.

2. América se convirtió en _____ con la población negra más extensa después de Africa misma.

3. Los primeros negros vinieron al hemisferio occidental como

   _____ y _____.

4. El tráfico de esclavos causó muchas rivalidades entre

   _____.

Africa
América
amos
centrales azucareras
el continente
criados
España
Europa
las grandes potencias
sirvientes

Más adelante

PREGUNTAS

1. ¿Cuál es la tercera gran contribución a la formación cultural del Nuevo Mundo?
2. ¿Por qué se organizó el tráfico de esclavos negros al continente americano?
3. ¿A qué regiones del continente llegó una población mayor de esclavos negros?
4. ¿Quién fue el «Alejaidinho»?

SU OPINION PERSONAL

1. Si los países hispanos de América están formados por tres grandes culturas, ¿por qué han sido llamados tradicionalmente «Hispanoamérica» o «América Latina»? ¿Cómo deberían llamarse?
2. ¿Cuáles son las principales culturas que se han reconocido en Estados Unidos?

PARA COMENTAR

1. Investigue y presente a la clase información sobre alguna manifestación artística o cultural de Latinoamérica que exprese la contribución de la población de origen africano.
2. Comente en la clase alguna contribución cultural de la población afroamericana de los Estados Unidos.

LECTURAS SUGERIDAS

Nicolás Guillén, «Canto negro», «La canción del bongó», «Sudor y látigo», en *Antología mayor*. México: Editorial Diógenes, 1981: 36-37; 41; 127.

José Luis Morales, ed. *Poesía afroantillana y negrista*. Río Piedras, P.R.: Editorial Universitaria de Puerto Rico, 1981.

Oscar Hermes Villordo, «O Aleijadinho esculpe sus profetas», en Abelardo Arias, *Infidencia* (*El Aleijandinho*). Buenos Aires: Sudamericana, 1980, pp. 9-11 (poema).

U N I D A D 7

Sor Juana

Resumen

En la sociedad colonial no se oía casi nunca la voz de la mujer. Fue de gran importancia la voz de Sor Juana Inés de la Cruz, la brillante poeta del siglo XVII. Sor Juana ponderó los problemas de la fe y de la condición humana. A los 42 años fue privada de su biblioteca y de su pluma, pero logró derrotar a quienes trataron de silenciarla.

Antes del video

VOCABULARIO

la celda	*cell*	el engaño	*deceit*
el elogio	*praise*	la monja	*nun*
cauteloso/a	*cautious*	necio/a	*stupid*
quejarse (de)	*to complain (about)*		

FRASES ÚTILES

...que parecía saberlo todo.   *. . . who seemed to know everything.*
Sor Juana fue privada de su biblioteca.   *Sor Juana was denied use of her library.*

PARA PENSAR ANTES DE MIRAR

Averigüe el significado de las siguientes palabras.

GRUPO 1

1. convento
2. orden religiosa
3. iglesia

GRUPO 2

1. poesía
2. teatro
3. novela
4. cuento

Después del video

Indique con «X» cuáles de estas frases describen a Sor Juana.

_____ 1. Era de una familia muy conocida.

_____ 2. Gracias a su inteligencia, conoció la corte virreinal desde joven.

_____ 3. Prefería estar a solas más que estar en la corte.

_____ 4.   Muchos de sus poemas se consideran ingenuos y juveniles hoy en día.

_____ 5.   Perdió su acceso a pluma, tinta y libros por sus fuertes críticas al rey.

_____ 6.   Su poesía abarca las formas y las palabras de la abundancia americana.

Más adelante

PREGUNTAS

1.   ¿Quién era Sor Juana Inés de la Cruz?
2.   ¿Por qué se hizo famosa en su tiempo?
3.   ¿Qué le ocurrió al final de su vida?

SU OPINION PERSONAL

1.   ¿Por qué es considerada Sor Juana como una personalidad extraordinaria?
2.   Los dos grandes poderes que existían en México eran la corte virreinal y la Iglesia. ¿Por qué cree que Sor Juana eligió vivir en un convento?

PARA COMENTAR

1.   Comente el poema de Sor Juana que comienza «Hombres necios que acusáis...». ¿Cree Ud. que es un poema feminista? ¿Por qué?
2.   Comente el poema que comienza «Este, que ves, engaño colorido...». ¿Cómo se presenta el tema del tiempo en este poema?

LECTURAS SUGERIDAS

Sor Juana Inés de la Cruz, «Hombres necios que acusáis», «Esperanza», «A su retrato», en Angel Flores y Kate Flores, eds. _Poesía feminista del mundo hispánico._ México: Siglo XXI, 1984: 60-62; 68; 70.
José Emilio Pacheco, «Sor Juana», en _Fin de siglo y otros poemas,_ op. cit., pág. 63.

U N I D A D   8

Nuevos productos
del Nuevo Mundo

Resumen

Del Nuevo Mundo venían productos jamás vistos en Europa: el tomate, el cacao, la patata y el tabaco. La riqueza de las Indias parecía inagotable, pero no la de la Casa de Hapsburgo, que empezaba a desintegrarse.

Antes del video

VOCABULARIO

amargo/a	*bitter*		envenenado/a	*poisoned*
audaz	*daring*		inagotable	*inexhaustible*
dulce	*sweet*		pródigo/a	*lavish*
pudrir	*to rot*		temer	*to fear*

FRASE UTIL

Acabaría por desintegrarse...   *It would end up disintegrating . . .*

PARA PENSAR ANTES DE MIRAR

América dio al resto del mundo varios productos nuevos. Haga una lista de los productos alimenticios de uso más común en casa que Ud. piensa que son originarias del Nuevo Mundo.

Después del video

Relacione las descripciones de la columna A con los productos de la columna B.

A

_____ 1.   Los europeos creían que este producto estaba envenenado.

_____ 2.   Era una bebida sólo para los reyes.

_____ 3.   Los aztecas le llamaban a este producto xitomatl.

_____ 4.   Fue popularizado en Europa por Sir Francis Drake.

_____ 5.   El rey Jaime I dijo que este producto deja «los órganos internos del hombre como una cocina».

_____ 6.   Luis XIV introdujo este producto en la corte francesa.

_____ 7.   Sir Walter Raleigh llevó este producto a Inglaterra.

_____ 8.   Los italianos le llaman a este producto **manzana de oro**.

_____ 9.   Colón descubrió este producto en la isla de Cuba.

B

a.   el arroz
b.   el cacao
c.   el maíz
d.   la papa
e.   el tabaco
f.   el tomate

Más adelante

PREGUNTAS

1.   ¿Qué opinión tenían los europeos del tomate?
2.   ¿Qué valor tenía el cacao entre los aztecas?
3.   ¿Quiénes introdujeron el tabaco y la patata en Europa?
4.   ¿Cuáles son algunas comidas «típicas» de Europa en que se usan productos originarios de América?

SU OPINION PERSONAL

1. ¿Por qué cree Ud. que la patata fue recibida «con la gratitud eterna de los campesinos europeos»? ¿Por qué llegó a ser tan importante en Europa?
2. Exprese su opinión sobre el tabaco.

PARA COMENTAR

1. Comente la importancia que tuvieron algunos productos de origen americano en la cocina europea.
2. Describa su comida favorita. ¿Lleva algún ingrediente originario del Nuevo Mundo?

LECTURAS SUGERIDAS

Ernesto Cardenal, «Milpa», en *Homenaje a los indios americanos*. Barcelona: Editorial LAIA, 1979, pp. 84-85.

Pablo Neruda, «Oda al tomate», «Oda a la papa», «Oda al maíz», en *Obras completas*, op. cit. pp. 1103-1105; 1220-1222; 1390-1392.

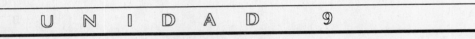

Los Borbones

Resumen

En 1700 el último de los Hapsburgos muere sin descendencia. Y tras la guerra de la sucesión española, los Borbones franceses ganan el trono de España en la persona del rey Felipe V. Los Borbones se embarcaron en una campaña para modernizar a España después de la larga noche de El Escorial.

Antes del video

VOCABULARIO

el desarrollo	*development*	la granja	*farm*
estival	*referring to summer*	hechizado/a	*bewitched*
tras	*after, following*		
vincular	*to link*		

PARA PENSAR ANTES DE MIRAR

1. Averigüe en qué consiste la monarquía como sistema de gobierno.
2. Averigüe en qué países europeos hay todavía sistemas monárquicos.

Después del video

Identifique a los siguientes monarcas.

____ 1. último rey hapsburgo

____ 2. monarquía ilustrada

____ 3. *El hechizado*

____ 4. Abolió la inquisición.

____ 5. primer rey borbón

a. Carlos II
b. Carlos III
c. Felipe V
d. Luis XIV de Francia
e. Juan Carlos I

Más adelante

PREGUNTAS

1. ¿Qué ocurrió en Europa a la muerte de Carlos III?
2. ¿A qué país estaba vinculada la familia de los Borbones? ¿Qué se propusieron hacer estos con España?
3. ¿Qué proyectos de modernización se iniciaron durante la monarquía de Carlos III?
4. ¿Quiénes tuvieron una participación activa en la modernización de España durante el reinado de Carlos III?

SU OPINION PERSONAL

¿Qué diferencias ve Ud. entre un sistema democrático y una monarquía?

PARA COMENTAR

1. Averigüe qué sistema de gobierno hay en España actualmente. ¿Qué tiene de tradicional y qué tiene de moderno este sistema?
2. ¿Cree que puede haber sistemas que sean a la vez monárquicos y modernos?

U N I D A D 1 0

Jovellanos y Goya

Resumen

El escritor Jovellanos encarnó la ilustración española y el gran pintor Goya representó este período elegante en sus pinturas. Pero Goya también miró críticamente a la monarquía y en sus retratos de la familia real pintó la vacuidad del poder. Cuando los ejércitos de Napoleón invadieron España, España rechazó el liberalismo francés en nombre del nacionalismo. Goya se convirtió en testigo de los desastres de la guerra.

Antes del video

VOCABULARIO

el/la consejero/a	*advisor*	la pesadilla	*nightmare*
la lechuza	*owl*	el retrato	*portrait*
la maja	*attractive young woman*	la semilla	*seed*
la mona	*monkey*	el testigo	*witness*
el papel	*role*	la vacuidad	*emptiness*
fusilar	*to shoot*		
rechazar (c)	*to reject*		
rescatar	*to ransom, rescue*		

FRASES UTILES

El se encargará de decir la verdad.   *He will take charge of telling the truth.*
Los monstruos se volvieron violenta realidad.   *The monsters became a violent reality.*

PARA PENSAR ANTES DE MIRAR

1. Averigüe quién fue Napoleón Bonaparte.
2. Explique las diferencias entre los siguientes conceptos.
   a. liberalismo
   b. tradicionalismo
   c. nacionalismo
   d. anarquía

Después del video

A. Conexiones. ¿A quién se refiere cada frase?

_____ 1. «el consejero intelectual de la monarquía en busca de una revolución feliz»

_____ 2. «al ser nombrado pintor de la corte en 1786,... discernió la elegancia, el fermento intelectual... pero también las semillas del engaño y la corrupción»

_____ 3. «fue sucedido por su hijo superficial e inepto»

_____ 4. «amante de la reina María Luisa, un disoluto oficial de 26 años»

_____ 5. «montado sobre su caballo de bronce en la ciudad de México»

_____ 6. «sus ejércitos invadieron España a fin de imponerle el liberalismo revolucionario a los reaccionarios borbones»

a. Carlos III
b. Carlos IV
c. Godoy
d. Goya
e. Jovellanos
f. Napoleón

B. ¿ A quién se refiere cada una de las siguientes descripciones?

_____ 1. amante de la reina

_____ 2. artista

_____ 3. consorte inmoral

_____ 4. escritor y filósofo

_____ 5. general francés

_____ 6. obra famosa de Goya

_____ 7. rey superficial e inepto

_____ 8. rey ilustre

a. Carlos III
b. Carlos IV
c. Godoy
d. Goya
e. Isabel
f. Jovellanos
g. *La Maja*
h. María Luisa
i. Napoleón

Más adelante

PREGUNTAS

1. ¿Quién fue Jovellanos?
2. ¿Quién fue Francisco de Goya?
3. ¿Cómo era el rey Carlos IV?
4. ¿Cómo reaccionaron los españoles cuando los ejércitos de Napoleón invadieron a España?
5. Carlos Fuentes dice que el retrato de la familia real pintado por Goya presenta una mirada crítica a la monarquía. ¿Por qué es un retrato crítico?
6. ¿Qué quiso mostrar Goya en su retrato de Jovellanos?

SU OPINION PERSONAL

¿Por qué cree Ud. que los españoles, que no estaban de acuerdo con la monarquía, se opusieron a los franceses gritando «¡Que vivan nuestras cadenas!»?

PARA COMENTAR

1. Comente la actitud que tuvo Goya como artista. ¿Qué opina Ud. del papel que tienen los artistas en la sociedad?
2. Exprese su opinión sobre los aspectos positivos o negativos que puede tener el nacionalismo como actitud de un país.

LECTURA SUGERIDA

Rafael Alberti, «Goya», op. cit. pp. 770-773.

Los criollos y
la independencia

Resumen

Los españoles nacidos en Hispanoamérica, llamados criollos, exigieron mayores derechos y libertad. Cuando Napoleón entró en España, secuestró a los Borbones y dejó al país sin rey. Por todo el continente americano se oyó el grito de la revolución: ¡Viva la independencia!

Antes del video

VOCABULARIO

el aymará	*South American Indian race and language*	la pradera	*prairie*
la mayoría	*majority*	el suceso	*event*
analfabeto/a	*illiterate*		
acelerar	*to hasten*	suplir	*to replace*
exigir (j)	*to demand*	trepidar	*to tremble*

PARA PENSAR ANTES DE MIRAR

1. Averigüe en qué difieren los siguientes conceptos.
   a. libertad
   b. independencia
   c. dependencia
   d. derechos
2. Averigüe cómo estaban divididas las colonias americanas antes de su independencia.

Después del video

A. ¿Verdadero (**V**) o falso (**F**)?

_____ 1. Los criollos estaban contentos con su estado.

_____ 2. Los hispanoamericanos empezaron a identificarse con su país de nacimiento.

_____ 3. Napoleón depuso y secuestró al rey de España.

_____ 4. Los españoles estaban a favor de la invasión de Napoleón.

_____ 5. Los criollos temían la invasión de Napoleón.

Más adelante

PREGUNTAS

1. ¿Por qué los criollos no se identificaban con España?
2. ¿Qué oportunidades o derechos comenzaron a exigir?
3. ¿Qué estaba ocurriendo en España cuando se iniciaron las revoluciones de la independencia?

SU OPINION PERSONAL

1. ¿En qué sentido querían ser independientes los criollos? ¿Qué tipo de independencia buscaban?
2. ¿Por qué cree Ud. que las revoluciones de la independencia se iniciaron casi al mismo tiempo en la mayoría de los países latinoamericanos?

PARA COMENTAR

1. ¿Qué motivos tuvieron los colonos de los Estados Unidos para independizarse de Inglaterra? ¿Eran parecidos a los motivos que tuvieron los criollos de América Latina?
2. Comente la escena del video donde habla una mujer indígena de Bolivia. ¿De qué problemas actuales está hablando? ¿Qué derechos necesita para ser independiente?

LECTURA SUGERIDA

Pablo Neruda, «América insurrecta (1800)», en *Canto general*, op. cit. pp. 376-377.

E N   F I N

España mantuvo la posesión de sus colonias americanas durante tres siglos, beneficiándose de las riquezas del Nuevo Mundo y creando las bases de una compleja civilización mestiza. En este programa hemos seguido el desarrollo político y cultural de ese período histórico. Escriba un breve ensayo sobre uno de los siguientes temas.

A. el conflicto entre tradición y modernidad en España

B. la contribución del Nuevo Mundo al desarrollo de España

El precio
de la libertad

Simón Bolívar

La independencia

Resumen

A finales del siglo XVIII nuevas ideas de libertad e independencia comenzaron a inundar la América española. El grito de rebelión fue escuchado en todos los países del continente, desde México hasta la Argentina. En México fue lanzado por el padre Miguel Hidalgo en 1810. Todos los años los mexicanos celebran el Grito de la Independencia en el Zócalo.

Antes del video

VOCABULARIO

el aislamiento	*isolation*	el grito	*cry, yell*
la campana	*bell*	el muro	*wall*
el clero	*clergy*		
adquirir (ie, i)	*to acquire*	inundar	*to flood*
diseñar	*to design*	lanzar (c)	*to launch*

PARA PENSAR ANTES DE MIRAR

1. ¿En qué se diferencia un país independiente de un país o territorio colonial?
2. Averigüe las diferencias entre autonomía e independencia.

Después del video

A. Conexiones. ¿A qué o a quién(s) se refieren las siguientes descripciones?

_____ 1. «la gran plaza central de la ciudad de México»

_____ 2. «Lanzó el grito de la independencia en 1810».

_____ 3. «Toca la campana de la libertad en el balcón del Palacio Nacional».

_____ 4. «Querían comerciar libremente con el mundo, retener sus propias riquezas y obtener mayor representación política».

_____ 5. «la poderosa fortaleza militar en Veracruz»

_____ 6. «El hombre ha nacido libre pero en todas partes se encuentra encadenado».

a. los hispano-americanos
b. Padre Hidalgo
c. el presidente de México
d. Rousseau
e. San Juan de Ulúa
f. el Zócalo

B. Complete las oraciones con las palabras de la lista.

1. Peor que los ataques de los piratas eran

_____.

2. _____ de las colonias inglesas de

Norteamérica fue seguida por la Revolución francesa.

3. Cada 15 de septiembre los mexicanos se reúnen en

_____ para celebrar

_____.

4. Los muros de San Juan Ulúa fueron diseñados para resistir a _____.

5. Para conmemorar _____ por la libertad, el presidente de México toca

_____ de la libertad.

los bucaneros
la campana
el ejército
el grito de Hidalgo
la lucha
las nuevas ideas
el palacio
la pobreza
la rebelión
el Zócalo

Más adelante

PREGUNTAS

1. ¿Cómo celebra México el día de la independencia?
2. ¿Qué aspiraciones tenían los hispanoamericanos cuando iniciaron la lucha por la independencia?

SU OPINION PERSONAL

EE.UU. ganó su independencia de Inglaterra en 1776. Poco después, a principios del siglo XIX, empezaron en Hispanoamérica los movimientos para independizarse de España. Compare Ud. estas revoluciones.

1. ¿Qué motivos tenían los norteamericanos para independizarse de Inglaterra?
2. ¿Coincidían los motivos de los hispanoamericanos con los de los angloamericanos?

El Zócalo

PARA COMENTAR

1. Inglaterra y España eran los dos países más importantes que tenían colonias en el Nuevo Mundo. A principios del siglo XIX, las dos potencias habían perdido casi todas estas posesiones. Explique a qué se debió el éxito que tuvieron las colonias en independizarse.
2. Jean Jacques Rousseau, el filósofo francés, exclamó a fines del siglo XVIII: «El hombre ha nacido libre, pero en todas partes se encuentra encadenado». Comente si esta idea es igualmente válida hoy en día.

LECTURA SUGERIDA

Cristina Peri Rossi, «El prócer», en *Indicios pánicos*. Barcelona: Bruguera, 1981, pp. 174-183.

Simón Bolívar

Resumen

En 1808 Napoleón invadió España, secuestró a la familia real española y puso a su hermano en el trono de Madrid. La América española se preguntó: «Si no hay rey español en España, ¿puede haber dominio español en América?» La independencia había encontrado su genio en Bolívar. Bolívar soñaba no sólo con la independencia de la América española sino con su unidad.

Antes del video

VOCABULARIO

la derrota	*defeat*		la meta	*goal*
el genio	*genius*		el obsequio	*gift*
la mente	*mind*			
ardiente	*burning*		insigne	*famous*
capaz	*capable*		majadero/a	*stupid, foolish*
entregar (gu)	*to hand over*		señalar	*to indicate*
cumplir	*to fulfill*		soñar (ue)	*to dream*
perecer (zc)	*to perish*			

FRASES UTILES

...hasta que los Borbones fuesen restaurados...   . . . *until the Bourbons were restored* . . .
...pensando sus pensamientos en voz alta...   . . . *thinking his thoughts out loud* . . .
A menudo dejaban a sus prisioneros a que   *Often they left their prisoners to rot* . . .
    se pudrieran...

PARA PENSAR ANTES DE MIRAR

Explique el significado de las siguientes palabras.

GRUPO 1

a. dirigente
b. líder
c. caudillo
d. gobernante

GRUPO 2

a. habilidad
b. destreza
c. talento
d. genio

Después del video

A. Conexiones. Indique con «X» cuáles de las siguientes frases se refieren a Bolívar.

_____ 1. «un joven aristócrata venezolano con una mente tan alerta como sus ardientes ojos negros».

_____ 2. «invadió España, secuestró a la familia real y puso a su hermano en el trono de Madrid»

_____ 3. «Cimentemos sin temor la piedra de la libertad. Dudar es perecer»

_____ 4. «un visionario humanista capaz de hacer una guerra a muerte contra sus enemigos»

_____ 5. «quería defender el imperio colonial hasta que los Borbones fuesen restaurados en España»

_____ 6. a menudo dejó «a sus prisioneros a que se pudrieran atados a postes bajo el sol»

_____ 7. «Jesucristo, Don Quijote y yo hemos sido los más insignes majaderos del mundo».

B. ¿Verdadero (V) o falso (F)?

_____ 1. Bolívar admiró a Napoleón por su energía y voluntad.

_____ 2. Napoleón nombró rey de España a su hermano.

_____ 3. Bolívar venía de una familia pobre.

_____ 4. El Orinoco era la capital de Venezuela.

_____ 5. Además de guerrero, Bolívar era humanista y filósofo.

_____ 6. El campo de batalla de Bolívar era tan grande como todos los territorios de Napoleón.

_____ 7. Según Bolívar, los latinoamericanos eran más indios que europeos.

Más adelante

PREGUNTAS

1. ¿Quién era Simón Bolívar?
2. ¿Qué efecto tuvo la invasión napoleónica de España en Hispanoamérica?

Retrato de Bolívar

SU OPINION PERSONAL

1. ¿Qué quería decir Bolívar cuando se expresó así: «la guerra es mi elemento»?
2. ¿Era lógico que un aristócrata como Bolívar quisiera luchar por la independencia?
3. ¿Qué talentos poseía Bolívar que eran indispensables en ese momento de la historia hispanoamericana?

1. En los movimientos históricos suelen surgir líderes famosos: Defina las características que debe tener un gran líder.
2. Explique lo que quería decir Bolívar en su evaluación de sí mismo: «Jesucristo, Don Quijote y yo hemos sido los más insignes majaderos del mundo».

LECTURA SUGERIDA

Pablo Neruda, «Un canto para Bolívar», en *Canto general, Obras completas.* 2a. ed. Buenos Aires: Editorial Losada, 1962, pp. 284-285.

U N I D A D 3

San Martín: libertador del sur

Resumen

En Argentina los rioplatenses adquirieron el gusto por la victoria derrotando a los invasores ingleses. Las milicias locales se organizaron como un ejército para derrotar primero a las fuerzas realistas españolas y luego para crear el ejército profesional argentino. El gran organizador de las milicias fue José de San Martín quien, como Bolívar en el norte, era un comandante militar de genio. Se dedicó a crear un ejército para expulsar a España del cono sur del continente. Organizó el cruce de los Andes para atacar a los españoles al otro lado.

Antes del video

VOCABULARIO

el/la albañil	*bricklayer*	la fuente	*source*
la barrera	*barrier*	el mareo	*nausea*
el cruce	*crossing*	la pólvora	*gunpowder*
el/la demonio/a	*devil, demon*	la tienda de campo	*tent*
el/la espía	*spy*		
bonaerense	*from Buenos Aires*	rioplatense	*from the River Plate area*
apoyar	*to support*	emprender	*to undertake*
atrincherar	*to entrench*	rendir (i, i)	*to surrender*

FRASES UTILES

Fueron los batallones de patricios y abajeños los que derrotaron a los ingleses.
The batallions of aristocrats and lowlanders were the ones that defeated the English.
La campaña sigue constituyendo...
The campaign continues to constitute . . .
Les arrancó joyas a los ricos.
He took jewels from the rich.

PARA PENSAR ANTES DE MIRAR

Averigüe el significado de las siguientes palabras.

1. campaña   2. expedición   3. batalla   4. guerra

Después del video

A. Conexiones. Indique con «X» cuáles de las siguientes frases se refieren a San Martín.

_____ 1. «un oficial del ejército argentino... meticuloso y paciente, era un comandante militar de genio»

_____ 2. «Era líder de las fuerzas realistas atrincheradas en el Virreinato del Perú»

_____ 3. «les arrancó joyas a los ricos, camisas y ponchos a los pobres»

_____ 4. «un espía que fue del otro lado de la montaña a Chile para propagar noticias falsas»

_____ 5. «le dice a cada soldado: "Serás tu propio centinela"»

_____ 6. «con él iban 5,000 hombres, mulas, caballos, 18 piezas de artillería y provisiones»

_____ 7. Su «campaña sigue constituyendo un ejemplo... una fuente de orgullo para el futuro de la América Española».

B. Indique con números el orden cronológico de las oraciones.

_____ Combatieron a las guarniciones realistas en los pases cordilleranos.

_____ El ejército recibió un envío de provisiones del presidente de la Argentina.

_____ El ejército argentino emprendió el cruce de la Cordillera.

_____ La milicia de Buenos Aires derrotó a los ingleses.

_____ San Martín organizó una columna de espías.

_____ Se creó un ejército profesional argentino.

José de San Martín

C. Para cruzar la cordillera de los Andes, el ejército necesitó llevar consigo varios especialistas y varias cosas. Indique con «X» las provisiones nombradas por Carlos Fuentes.

_____ albañiles   _____ helicópteros   _____ radioteléfonos

_____ artillería   _____ linternas   _____ sables

_____ aviones   _____ mapas   _____ tanques de agua

_____ bombas   _____ mulas   _____ tiendas de campo

_____ coches armados   _____ panaderos   _____ vacas

Más adelante

PREGUNTAS

1. ¿Por qué la situación geográfica protegía a las fuerzas españolas en el cono sur?
2. ¿Qué preparativos hizo San Martín para cruzar la cordillera y tomar por sorpresa a las fuerzas españolas?

SU OPINION PERSONAL

Fuentes dice que «la campaña de los Andes sigue constituyendo un ejemplo... una fuente de orgullo para el futuro de la América Española». ¿Qué opina Ud. de esta idea? ¿Puede un acontecimiento pasado ser parte de la conciencia actual de un pueblo o país?

PARA COMENTAR

En términos militares una barrera geográfica puede constituir un factor decisivo en una guerra. Compare Ud. la tecnología moderna de hoy con la movilidad primitiva que tenía el ejército de San Martín. Comente también si una cordillera como la de los Andes sigue siendo un factor militar, a pesar de esa tecnología.

LECTURA SUGERIDA

Pablo Neruda, «San Martín», en *Obras completas*, op. cit. pp. 379-381.

El cruce de los Andes

U N I D A D   4
Problemas
de liberación

Resumen

El ejército de San Martín, unido a las fuerzas de su aliado chileno, Bernardo O'Higgins, triunfó sobre los españoles. Del Atlántico al Pacífico, el sur del continente era libre y tres siglos de dominio español habían llegado a su fin. Pero empezaron los problemas de liberación. San Martín no quería gobernar porque no creía en un gobierno militar. En el norte, en los países gobernados por Bolívar, la mayoría era gente de color y Bolívar se atormentó buscando soluciones al problema de la desigualdad. Pero los terratenientes y los caudillos le dieron la espalda.

Antes del video

VOCABULARIO

el criollo	*Spaniard born in the New World*	el rincón	*corner*
la madrugada	*dawn*	el/la terrateniente	*landowner*
la peregrinación	*pilgrimage*	el/la verdugo	*executioner*
calumniado/a	*slandered*	pertinaz	*obstinate*
arar	*to plow*	yacer (zc)	*to lie*
empujar	*to push*		

FRASES UTILES

Le dieron la espalda.	*They turned their back on him.*
Sin esperar siquiera la artillería...	*Without even waiting for the artillery . . .*
Sin regresar jamás...	*Without ever again returning . . .*
Nos encontramos a la intemperie.	*We found ourselves at the mercy of the elements.*

PARA PENSAR ANTES DE MIRAR

Averigüe el significado de las siguientes palabras.

1. controlar
2. dirigir
3. gobernar
4. mandar
5. imponer
6. acaudillar

Después del video

A. Conexiones. ¿A quién(es) se refieren las frases? A veces más de una frase puede referirse al mismo nombre.

_____ 1. «rechazó cualquier honor político... eran los días de la gloria»

_____ 2. «no seré yo el verdugo de mis propios compatriotas»

_____ 3. «vio (el problema) claramente y dijo: "La aristocracia quiere la libertad, pero sólo para ella misma".»

_____ 4. «escribió su propio epitafio: "América es ingobernable. El que sirve a una revolución ara en el mar"»

_____ 5. «no habrían apoyado la revolución para ser desposeídos o gobernados por negros»

_____ 6. «habían entrado en posesión de tierras que les fueron dadas por sus servicios durante la revolución»

a. Bolívar
b. nuevos caudillos militares
c. San Martín
d. terratenientes

B. Indique si los siguientes países latinoamericanos ganaron la independencia gracias a los esfuerzos de San Martín (SM) o Bolívar (B).

_____ Argentina

_____ Bolivia

_____ Chile

_____ Colombia

_____ Ecuador

_____ Paraguay

_____ Perú

_____ Uruguay

_____ Venezuela

C. ¿A quién(es) se refiere cada oración? A veces más de una oración puede referirse al mismo nombre.

_____ 1. Apoyaba la idea de gobiernos militares.

_____ 2. Era el Director Supremo de Chile.

_____ 3. Escribió que «América es ingobernable».

_____ 4. Estaba en pro del «hábil despotismo».

_____ 5. Estaba en contra del «soldado afortunado».

_____ 6. Fue acusado de ambicionar la dictadura.

_____ 7. Lucharon por la independencia de Chile.

_____ 8. Murió exiliado de su propio país.

_____ 9. Nombró al Director Supremo de Chile.

_____ 10. Se oponía a la idea de gobiernos militares.

_____ 11. Se encontraron en Guayaquil, Ecuador.

a. Bolívar
b. Bolívar y San Martín
c. O'Higgins
d. San Martín
e. San Martín y O'Higgins

Más adelante

PREGUNTAS

1. ¿Quién era Bernardo O'Higgins?
2. Al confrontar la necesidad de gobernar en sus países recién liberados, ¿en qué se diferenciaban Bolívar y San Martín?
3. ¿Qué problema fundamental encontró Bolívar al tratar de imponer gobiernos democráticos?

SU OPINION PERSONAL

Bolívar dijo: «América es ingobernable. El que sirve a una revolución ara en el mar». ¿Cree Ud. que Bolívar tenía razón? ¿Por qué?

PARA COMENTAR

Un país que recién se libera siempre debe enfrentar nuevos problemas. Compare la situación en que se encontraban los EE.UU. y los países hispanoamericanos cuando ganaron su independencia. ¿Eran similares o diferentes sus problemas antes y después de su liberación?

LECTURA SUGERIDA

Pablo Neruda, «Guayaquil (1822)», en *Canto general*, op. cit. pp. 392-394.

UNIDAD 5

Las dictaduras

Resumen

La desaparición de la monarquía española creó un vacío enorme que fue llenado por dictadores militares. Un ejemplo fue Juan Manuel de Rosas en la Argentina, quien trató de intimidar a la mayor parte de la población. El general mexicano Antonio López de Santa Ana fue presidente once veces. Perdió una pierna en una batalla, pero más tarde en la guerra con EE.UU. perdió más: la mitad del territorio nacional de México. Por primera vez en México un indio de raza pura llegó a la presidencia: Benito Juárez.

El Palacio Presidencial

Antes del video

VOCABULARIO

el anillo	*ring*	la mitad	*half*
el azote	*whip*	la pampa	*Argentine plains*
la gorra	*cap*	el/la zorro/a	*fox*
colorado/a	*red*	incapaz	*incapable*
desdeñoso/a	*disdainful*		
arrastrar	*to drag*	disfrazar (c)	*to disguise*
despreciar	*to scorn*	enterrar (ie)	*to bury*

PARA PENSAR ANTES DE MIRAR

¿Cuál es la diferencia entre las siguientes palabras?

1. susto   2. temor   3. miedo   4. terror

Después del video

A. Conexiones. ¿A quién se refiere cada frase? A veces más de una frase puede referirse al mismo nombre.

_____ 1. «totalmente desdeñosa de la luz, fue la encarnación de la dictadura personal»

_____ 2. «mis antecesores despreciaron a las clases bajas, yo las seduzco...»

_____ 3. «perdió una pierna en una batalla, la mandó enterrar...»

_____ 4. «pero por desgracia perdió algo más que una pierna... la mitad del territorio nacional de México»

_____ 5. «un indio de raza pura llegó a la presidencia de la República»

_____ 6. «Para muchos católicos, se convirtió en el azote de la iglesia»

a. Benito Juárez
b. Juan Manuel de Rosas
c. Santa Ana

B. ¿A qué o a quién se refiere cada frase?

_____ 1. ciudad de México predominantemente india

_____ 2. dictador cuyas tropas impusieron el terror

_____ 3. escuadrones de la muerte

_____ 4. enseñó a leer y a escribir a Juárez

_____ 5. estado norteño de México

_____ 6. estudió para hacerse abogado

_____ 7. perdió la mitad del territorio nacional de México

_____ 8. pintor y muralista mexicano

a. Antonio López de Santa Ana
b. Benito Juárez
c. Diego Rivera
d. Juan Manuel de Rosas
e. gaucho
f. mazorca
g. Oaxaca
h. Padre Salanueva
i. San Martín
j. Tejas

_____ 9.　temió el poder del «soldado afortunado»

_____ 10.　vaquero de las pampas argentinas

Más adelante

PREGUNTAS

1.　¿Qué medios usó el dictador Juan Manual de Rosas en Argentina para controlar el poder?
2.　¿Qué ocurrió bajo el gobierno del General Antonio López de Santa Ana en México?
3.　¿Quién fue Benito Juárez?

SU OPINION PERSONAL

Fuentes dice que «en 1847 los EE.UU. lanzaron una guerra injusta contra México». ¿Está Ud. de acuerdo con esta opinión? ¿Hay ejemplos de guerras justas en la historia? ¿Cuál es la diferencia?

PARA COMENTAR

El dictador Rosas impuso un reino de terror en Argentina recurriendo a diferentes métodos, pero esta no ha sido la única vez que un dictador recurre a tales procedimientos. Describa algún caso de dictadura contemporánea y comente qué métodos emplea o empleó. ¿Hay ejemplos de dictadores benévolos («dictablanda»)?

LECTURAS SUGERIDAS

Esteban Echeverría, «El matadero» (cuento), en *El matadero, ensayos estéticos y prosa varia*. Edición crítica de Fernando Burgos. Hanover, NH: Ediciones del Norte, 1992, pp. 55-105.
Pablo Neruda, «Rosas (1829-1849)», en *Canto general*, op. cit. pp. 432-433.

U N I D A D 6

Benito Juárez

Resumen

La presidencia de Benito Juárez fue de especial importancia para México y, en verdad, para toda la América Latina. Se enfrentó al problema central de crear un gobierno civil, no un mando militar. El resultado fue la reforma que cambió a México.

Antes del video

VOCABULARIO

la huelga   *strike*

amenazar (c)   *to threaten*   enfrentarse a   *to confront*

FRASE UTIL

El tiempo convierte al héroe en leyenda.   *Time converts the hero into legend.*

PARA PENSAR ANTES DE MIRAR

Averigüe el significado de las siguientes palabras.

1. modificar   2. reformar   3. nacionalizar   4. abolir

Después del video

A. Indique con «X» cuáles de las siguientes acciones fueron realizadas por Juárez.

____ 1. Abolió los privilegios del ejército.

____ 2. Creó un estado secular moderno.

____ 3. Llevó a cabo una reforma agraria.

____ 4. Nacionalizó los bienes amortizados por la Iglesia.

____ 5. Reformó el sistema educativo.

____ 6. Separó la Iglesia del Estado.

Benito Juárez

Más adelante

PREGUNTAS

1. ¿Qué eran las leyes de reforma?
2. ¿Por qué hubo oposición en México a estas leyes?

PARA COMENTAR

1. Fuentes opina que la presidencia de Benito Juárez fue muy importante no sólo para México sino, en verdad, para toda la América Latina. Comente su evaluación. ¿En qué se funda?
2. ¿En qué sentido fue Juárez un ejemplo para los demás países? Comente casos de reformas importantes que se hayan hecho en el sistema de los Estados Unidos.

LECTURA SUGERIDA

Pablo Neruda, «Viaje por la noche de Juárez», en *Canto general*, op. cit. pp. 397-398.

UNIDAD 7

Maximiliano y Carlota

Resumen

Los franceses y sus aliados mexicanos pusieron la corona de México en la cabeza del príncipe austriaco Maximiliano de Hapsburgo. El y su esposa Carlota se instalaron en el Castillo de Chapultepec, pero la suerte de los dos sería trágica. Juárez reunió un ejército republicano para enfrentarse al nuevo imperio de Europa. Desde su «oficina sobre ruedas», su carroza, Juárez defendió con éxito la independencia de toda la América Latina.

Antes del video

VOCABULARIO

el/la bandolero/a	*outlaw*	el desafío	*challenge*
el/la cangrejo/a	*crab*	el/la dramaturgo/a	*dramatist*
la carroza	*carriage*	la marioneta	*puppet*
fusilar	*to execute*	sostener (*irreg.*)	*to support*
rendirse (i, i)	*to surrender*		

FRASE UTIL

Acaso Europa le diese la espalda.   *Possibly Europe turned her back on him.*

PARA PENSAR ANTES DE MIRAR

Averigüe el significado de las siguientes palabras.

1. reino   2. imperio   3. república   4. gobierno

Después del video

A. Conexiones. ¿A quién(es) se refiere cada frase? A veces más de una frase puede referirse al mismo nombre.

_____ 1. «el príncipe austriaco de Hapsburgo, descendiente de Carlos V y de Felipe II, se instaló en el Castillo de Chapultepec»

_____ 2. «la suerte de su esposa sería igualmente trágica: perdió a su marido y perdió la razón»

_____ 3. «había ofrecido al pueblo mexicano la visión de una tierra libre y democrática»

a. Carlota
b. los franceses
c. Juárez
d. Maximiliano

_____ 4. «desde (su) oficina sobre ruedas, estaba defendiendo la independencia de toda la América Latina»

_____ 5. «la acción de las guerrillas republicanas les obligó a abandonar a Maximiliano»

_____ 6. «rodeado por un pequeño grupo de fieles, se rindió después del sitio de Querétaro»

B. Ponga la letra de la columna B que se relaciona con la descripción de la columna A.

A

_____ 1. castillo y palacio en México

_____ 2. dramaturgo mexicano

_____ 3. familia real de Austria

_____ 4. ley que condenó a muerte a los republicanos

_____ 5. No mostró clemencia hacia Maximiliano.

_____ 6. príncipe austriaco

_____ 7. Protestó ante los cambios hechos por Juárez.

_____ 8. Se volvió loca.

_____ 9. sitio de la ejecución de Maximiliano

B

a. Benito Juárez
b. Carlota
c. Cerro de las Campanas
d. Chapultepec
e. Decreto Negro
f. Hapsburgo
g. Maximiliano
h. Napoleón
i. El papa
j. Rodolfo Usigli

Más adelante

PREGUNTAS

1. ¿Quién era Maximiliano?
2. ¿Por qué los franceses y los reaccionarios mexicanos le pusieron la corona de México?
3. ¿Qué tipo de persona era Maximiliano?

PARA COMENTAR

Cuando Maximiliano estaba en la cárcel bajo condena de muerte, llegaron cartas de muchas partes del mundo pidiéndole a Juárez que tuviera clemencia. Juárez se negó a hacerlo y Maximiliano fue fusilado. Comente la decisión de Juárez. ¿Se puede justificar?

LECTURA SUGERIDA

Rodolfo Usigli, «Corona de sombra» (drama), en Frank Dauster et. al. eds. *Nueve dramaturgos hispanoamericanos*, Tomo I, Ottawa: Girol Books, 1979, pp. 23-132.

Maximiliano y Carlota

U N I D A D 8

La cultura europea

Resumen

La cultura europea se puso de moda en todas las grandes capitales latinoamericanas. El lema de esta cultura era «Orden y progreso». Pero las clases altas se interesaban más en imitar el consumo europeo que las formas de producción europea.

Antes del video

VOCABULARIO

el lema	*slogan*	la clase dirigente	*the ruling class*
creciente	*growing*	sombrío/a	*foreboding, grim*
concebirse (i, i)	*to conceive*		

FRASE UTIL

Hasta la muerte tenía una base económica.   *Even death had an economic base.*

PARA PENSAR ANTES DE MIRAR

Averigüe el significado de las siguientes palabras.

1. progresar   2. modernizar   3. producir   4. consumir

Después del video

A. Complete las oraciones con las palabras de la lista.

1. A causa de las reformas modernizantes, comenzó a surgir

   _____.

2. El lema de esta cultura era _____.

3. Se creía que la prosperidad traería

   _____.

4. _____ se interesaban más en imitar las maneras del consumo europeo

   que en las maneras de la producción europea.

campaña del desierto
las clases dirigentes
la cultura indígena
la democracia
una nueva clase media
«Orden y progreso»
patriotas mexicanos
todo por la patria

5. Un ejército argentino salió a combatir los residuos de _____ en la

    llamada _____.

Más adelante

PARA COMENTAR

1. Fuentes dice que «las clases dirigentes se interesaban más en imitar las maneras del consumo europeo que en las maneras de la producción europea». ¿Cómo interpreta Ud. esta afirmación? ¿Por qué cree Ud. que las clases altas no se interesaban en la producción?
2. ¿Qué entiende Ud. por «modernizar»? ¿Cree que modernidad y progreso son equivalentes? Dé ejemplos para apoyar sus ideas.

LECTURAS SUGERIDAS

Rubén Darío, «El rey burgués (cuento alegre)», en José Miguel Oviedo, ed. *Antología crítica del cuento hispanoamericano 1830-1920*. Madrid: Alianza Editorial, 1989, pp. 255-260.

Pablo Neruda, «Las oligarquías», en *Canto General*, op. cit. pp. 441-442.

U N I D A D 9

La pampa
y los gauchos

Resumen

El gaucho es necesario porque sabe hacer lo que hay que hacer en la pampa argentina. La vida del gaucho es el origen de la más grande obra literaria del siglo XIX en Hispanoamérica, *Martín Fierro*.

Antes del video

VOCABULARIO

el amo/a	*master/mistress*	la llanura	*plain*
el/la cacique	*local political boss*	el/la payador(a)	*minstrel*
el cimarrón (la cimarrona)	*wild horse*	el/la potro/a	*colt*
la fiera	*wild beast*	el vientre	*womb*
el/la huérfano/a	*orphan*		
salvaje	*savage*	ufano/a	*proud*
jurar	*to swear*	soltar (ue)	*to loosen, set free*

FRASE UTIL

Nunca se achican los males.   *Troubles never get better (smaller).*

PARA PENSAR ANTES DE MIRAR

Averigüe la diferencia entre las siguientes palabras.

1. canto   2. poema   3. cuento   4. novela

Después del video

A. ¿Verdadero (V) o falso (F)?

_____ 1. Cortés y Pizarro conquistaron a los indígenas de la Argentina.

_____ 2. Los caballos salvajes se reprodujeron por millares en la pampa.

_____ 3. La palabra **gaucho** significa «vaquero».

_____ 4. Los gauchos representan el machismo, la independencia y la soledad.

_____ 5. La canción es el periódico de la pampa.

_____ 6. *Martín Fierro* es una obra clásica del siglo XIX en Hispanoamérica.

_____ 7. El gaucho encarna la persistencia de la cultura popular hispanoamericana.

B. Indique con «X» cuáles de las siguientes características pueden atribuirse al gaucho.

_____ 1. alegre   _____ 6. hablador

_____ 2. celoso de su libertad   _____ 7. independiente

_____ 3. cruel   _____ 8. machista

_____ 4. desdeñoso de lo material _____ 9. solitario

_____ 5. generoso

Más adelante

PREGUNTAS

1. ¿Quiénes son los gauchos?
2. ¿Qué significa la palabra «gaucho»?

PARA COMENTAR

Los gauchos parecen tener características especiales casi míticas en la Argentina. Los «cowboys» o vaqueros norteamericanos también han gozado de una fama especial. Comente las características de ambos. ¿A qué se puede atribuir las similitudes?

LECTURAS SUGERIDAS

Jorge Luis Borges, «Martín Fierro», en *El hacedor*, op. cit. pp. 35-36.
José Hernández, *Martín Fierro* (Selección), en *Poesía gauchesca*. Caracas: Biblioteca Ayacucho, 1977.

Buenos Aires

Resumen

Buenos Aires, el gran puerto de Argentina, es un imán para los inmigrantes de Europa y la gente de la pampa. Es la ciudad de Jorge Luis Borges, el renombrado cuentista, y del tango y su intérprete más famoso, Carlos Gardel. Alguien llamó al tango «un pensamiento triste que se baila». Y mientras tanto, en la Ciudad de México el artista gráfico José Guadalupe Posada veía pasar desde su imprenta las contradicciones de la realidad hispanoamericana: un continente liberado pero lleno de injusticia social.

Antes del video

VOCABULARIO

la imprenta	printing shop	el/la marinero/a	sailor
la incertidumbre	uncertainty		
citadino/a	of the city		
fracasar	to fail		

FRASES UTILES

Ninguna era un imán mayor...　　　　*None was a greater magnet . . .*
Se dan cita en Buenos Aires.　　　　*They arrange to meet in Buenos Aires.*
Se encuentran aquí en la soledad.　　*They meet here in loneliness.*
Es una fuente inagotable de mito.　　*It is an inexhaustible source of myth.*

PARA PENSAR ANTES DE MIRAR

Averigüe el significado de las siguientes palabras.

GRUPO 1
a. visitar
b. emigrar
c. inmigrar
d. exiliarse

GRUPO 2
a. calle
b. barrio
c. ciudad
d. metrópoli

GRUPO 3
a. local
b. internacional
c. cosmopolita

Después del video

A. Conexiones. ¿A quién o a qué se refiere cada frase? A veces más de una frase puede referirse al mismo nombre.

____ 1. «el mejor cantante de tangos de todos los tiempos»

____ 2. «El inmigrante del interior y el inmigrante de Europa se encuentran aquí».

____ 3. Escribió: «el tango es la gran conversación de Buenos Aires».

____ 4. «Desde la ventana de su imprenta en la ciudad de México veía pasar la realidad contradictoria de esta nueva Hispanoamérica»

____ 5. «los silencios que vienen de ese mar interior...»

____ 6. «Yo creo que es una forma que sigue revelando mejor que cualquier otra las alegrías, las miserias y los misterios de nuestra vida citadina».

a. Buenos Aires
b. Carlos Gardel
c. Jorge Luis Borges
d. José Guadalupe Posada
e. la pampa
f. el tango

B. Indique con «X» cuáles palabras o frases pueden completar la oración: Buenos Aires ha sido una ciudad... .

____ 1. auténtica

____ 2. de abundancia

____ 3. de gauchos

____ 4. de gitanos

____ 5. de necesidad

____ 6. de inmigrantes

____ 7. imitativa

____ 8. de la pampa

____ 9. de silencio

C. ¿A qué o a quién se refiere cada descripción?

____ 1. cantante argentino famoso por sus interpretaciones de los tangos

____ 2. Escribió cuentos metafísicos.

____ 3. habitantes de Buenos Aires

____ 4. «la gran conversación de Buenos Aires»

____ 5. país europeo de donde llegaron seis millones de inmigrantes en 34 años

a. brasileños
b. Carlos Gardel
c. Francia
d. Italia
e. Jorge Luis Borges
f. porteños
g. la samba
h. el tango

Fuentes en un café bonaerense

Más adelante

PREGUNTAS

1. ¿De dónde procedían los inmigrantes que llegaron a Buenos Aires?
2. ¿Por qué habla Fuentes de «un doble imán» o «un doble destino» para la ciudad?
3. ¿Quiénes eran los siguientes personajes?
   a. Borges   b. Carlos Gardel   c. Martín Fierro   d. José Guadalupe Posada

SU OPINION PERSONAL

1. ¿Cree Ud. que un baile puede tener la importancia y significado que Fuentes le atribuye al tango? ¿Hay otros ejemplos de bailes con significado especial?
2. Buenos Aires es un ejemplo de ciudad cosmopolita. ¿Conoce alguna ciudad de los EE.UU. que se pueda comparar con Buenos Aires?

PARA COMENTAR

Comente las razones que pudo tener la gente de Europa para emigrar a países americanos.

LECTURAS SUGERIDAS

Jorge Luis Borges. *Fervor de Buenos Aires*. Buenos Aires: EMECE, 1969.
Carlos Zubillaga, *Carlos Gardel*. Prólogo de Jorge Luis Borges. Madrid: Ediciones Júcar, 1976.
Francisco Díaz de León, *Gahona y Posada: grabadores mexicanos*. México: Fondo de Cultura Económica, 1968.

U N I D A D   1 1

La revolución mexicana

Resumen

Porfirio Díaz, dictador de México durante 30 años, abrió el país a la inversión y desarrollo pero no a la democracia. Francisco Madero recibió el apoyo popular con su llamado de «no reelección» (a Díaz). Madero le dio al país un gobierno democrático pero no le dio los necesarios cambios sociales. Zapata dijo que seguiría combatiendo hasta que las demandas de los campesinos fueran satisfechas. En el norte Pancho Villa luchó contra Carranza. La legendaria División del Norte de Villa, fue destruida y Carranza se instaló en la capital. Con la revolución mexicana, México y toda la América española entraron al siglo XX.

Antes del video

VOCABULARIO

el choque	*shock*	la inversión	*investment*
la emboscada	*ambush*	el rostro	*face*
el/la funcionario/a	*bureaucrat*		
despojado/a	*stripped*	dotado/a	*gifted*
ubérrimo/a	*fertile, abundant*	vigente	*valid; in effect*
temblar (ie)	*to tremble*		

FRASES UTILES

La guardia disparó a quemarropa.
Era demasiado listo para dejarse sorprender...

The guards fired at point blank range.
He was too smart to let himself be caught off guard . . .

PARA PENSAR ANTES DE MIRAR

Averigüe el significado de las siguientes palabras.

1. cambio
2. modificación
3. transición
4. revuelta
5. rebelión
6. revolución

Después del video

A. Conexiones. ¿A quién se refiere cada frase?

_____ 1. «abrió el país a la inversión extranjera en petróleo, minería, ferrocarriles...»

_____ 2. «un hombre modesto y honesto, electrizó al país con su llamado a la democracia»

_____ 3. «en el sur, representante de las comunidades agrarias despojadas de sus tierras, aguas y bosques»

_____ 4. «en el norte (un hombre) intuitivo, a veces cruel, pero dotado de verdadero genio militar»

_____ 5. «todos se unieron en torno a su figura un tanto remota, un ranchero y político del norte de México»

_____ 6. «resulta que el tal coronel no era un desafectado, sino en realidad parte de un plan para matar a Zapata»

a. Emiliano Zapata
b. Francisco Madero
c. Jesús Guajardo
d. Pancho Villa
e. Porfirio Díaz
f. Venustiano Carranza

Estatua de Villa

B. ¿A qué o a quién(es) se refieren las siguientes descripciones?

_____ 1. clasista y represivo

_____ 2. dictador de México durante 30 años

_____ 3. dictador que mandó asesinar a Madero

_____ 4. intuitivo genio militar del norte de México

_____ 5. presidente de un gobierno limpio y democrático

_____ 6. ranchero y político

_____ 7. representante de las comunidades agrarias

a. Benito Juárez
b. el ejército federal
c. Emiliano Zapata
d. Francisco Madero
e. Pancho Villa
f. Porfirio Díaz
g. Venustiano Carranza
h. Victoriano Huerta

C. Complete las oraciones con las palabras de la lista.

1. Pancho Villa luchó en _____ y Emiliano

   Zapata en _____ .

2. La revolución mexicana de Carranza era

   _____ y _____ .

3. La revolución mexicana de Villa y Zapata era

   _____ y _____ .

4. Una cuestión fundamental es cómo conciliar el progreso con

   _____ y _____ .

agraria
centralizadora
la democracia
la justicia
la libertad
modernizante
el norte
el sur
tierra
tradicionalista

Zapata

D. Indique con números el orden cronológico en que gobernaron estos líderes mexicanos.

_____ Antonio López de Santa Ana

_____ Benito Juárez

_____ Francisco Madero

_____ Maximiliano de Austria

_____ Venustiano Carranza

_____ Porfirio Díaz

_____ Victoriano Huerta

Más adelante

Indique con «X» cuáles de los siguientes personajes desempeñaron importantes papeles en la revolución mexicana.

_____ 1. Venustiano Carranza

_____ 2. Victoriano Huerta

_____ 3. Francisco Madero

_____ 4. Pancho Villa

_____ 5. Emiliano Zapata

SU OPINION PERSONAL

1. Como explica Fuentes, Porfirio Díaz fue dictador de México durante 30 largos años. Díaz dijo: «Para gobernar a México se necesita algo más que ser honesto. Madero ha liberado a un tigre. A ver si puede controlarlo». ¿A qué se estaba refiriendo Díaz? ¿Tuvo razón en lo que dijo? ¿Qué le pasó a Madero?
2. ¿Cree Ud. que era necesaria una revolución en México? ¿Por qué?

PARA COMENTAR

1. Pancho Villa se ha convertido en una figura mítica. Comente cómo lo ven en las canciones populares mexicanas y en el cine norteamericano. ¿Hay diferencias entre la imagen mítica y el personaje histórico?
2. En general, ¿justifica Ud. las revoluciones?

LECTURAS SUGERIDAS

Alvaro Custodio, ed. *El corrido popular mexicano*. Madrid: Ediciones Júcar, 1976. Ver «Revolucionarios», pp. 104-121.

Vicente Mendoza, *Corridos mexicanos*. México: Lecturas mexicanas, 1985. Ver «Revolucionarios», pp. 31-86.

Escoja uno de los siguientes temas (**A** o **B**) y escriba un breve ensayo.

A. Los españoles dominaron sus colonias americanas durante tres siglos. Exprese sus ideas sobre este tema: «Los cambios políticos en Europa y su impacto en las colonias americanas». Para responder habrá que considerar los siguientes factores.
1. la revolución francesa de 1789 y las nuevas ideas liberales de la Ilustración
2. la situación de la monarquía en España durante ese período
3. la invasión de España por Napoleón
4. la política de la monarquía española hacia sus colonias americanas

B. El fin del siglo XIX encontró a la América española independiente de Europa, pero según Fuentes, «Las cuestiones fundamentales propuestas por Bolívar un siglo antes continuaban vigentes». ¿Cuáles eran estas cuestiones? (Conviene repasar la unidad 2 sobre Bolívar.) Compare la situación de los EE.UU. y Latinoamérica con respecto a tales cuestiones. ¿En qué coincidían y en qué se diferenciaban? Trate de dar una explicación de las diferencias que Ud. haya notado.

Las tres hispanidades

La Sagrada Familia:
símbolo de una «obra inacabada»

Resumen

Carlos Fuentes dice que la gran catedral de Barcelona, la Sagrada Familia, todavía en construcción, puede verse como un símbolo de la obra inacabada de España y Latinoamérica.

Antes del video

VOCABULARIO

la clave	*key*	la raíz	*root*
el paisaje	*landscape*		
inacabado/a	*unfinished*	profundo/a	*deep*
ultramar	*overseas*		

FRASES UTILES

¿Qué estamos siendo?   *What are we becoming?*
El sol se puso en 1898.   *The sun set in 1898.*

PARA PENSAR ANTES DE MIRAR

Averigüe el significado de las siguientes palabras.

1. preguntar   2. inquirir   3. interrogar   4. cuestionar

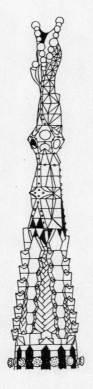

Detalle de
la Sagrada Familia

Después del video

A. **Conexiones.** ¿A quién o a qué se refiere cada frase?

_____ 1. «una de las tres grandes áreas hispanoparlantes»

_____ 2. «su obra inacabada domina el puerto de Barcelona»

_____ 3. «pasó al dominio de los EE.UU.»

_____ 4. «ha estado en construcción más de un siglo»

a. Antonio Gaudí
b. Cuba
c. los EE.UU.
d. la Sagrada Familia

B. ¿Verdadero (V) o falso (F)?

_____ 1. La construcción de la Sagrada Familia se terminó en el Siglo XVIII.

_____ 2. La Sagrada Familia fue diseñada por Antonio Gaudí.

_____ 3. Barcelona es una ciudad de Cataluña, España.

_____ 4. Cuba y Puerto Rico pasaron al dominio de los Estados Unidos en 1789.

Más adelante

PREGUNTAS

1. Según Carlos Fuentes, Hispanoamérica, tal como la Sagrada Familia, es una obra inacabada. Comente esta comparación.
2. Se dice que 1898 fue un año clave para España. ¿Qué acontecimiento importante ocurrió ese año?

SU OPINION PERSONAL

1. Carlos Fuentes dice que tanto España como Latinoamérica son «obras inacabadas». ¿Podemos considerar que los Estados Unidos también es una obra inacabada?
2. España perdió sus últimas colonias de ultramar en una guerra contra los EE.UU. Económicamente, ¿qué importancia tenían esas colonias para España? ¿Cómo habrá afectado al espíritu nacional español esa pérdida?

PARA COMENTAR

1. Carlos Fuentes llama a los EE.UU. «el joven imperio emergente». ¿Está Ud. de acuerdo con esta designación? Explique por qué.
2. Explique la siguiente oración de Carlos Fuentes: «España reaccionó con un profundo cuestionamiento de sí misma».

LECTURAS SUGERIDAS

Joaquín Gomis. *La sagrada familia de Antonio Gaudí* (fotografías). Barcelona: Ediciones Omega, 1952.
Juan Perucho. *Gaudí: una arquitectura de anticipación*. Barcelona: Ediciones Polígrafa, 1967.

La Sagrada Familia

La República:
la experimentación

Resumen

Después de la Primera Guerra Mundial hubo en el mundo un período de experimentación artística. En este período aparecieron en España las pinturas de Dalí, las películas de Luis Buñuel y la poesía de García Lorca. La débil república que siguió a la monarquía en 1931 inició importantes reformas pero también cometió una serie de errores.

Antes del video

VOCABULARIO

la belleza	*beauty*	la pantalla	*screen*
la lágrima	*tear*	la sombra	*shadow*
débil	*weak*	laico/a	*lay, secular*
insoportable	*unbearable*		
arrastrar	*to drag*	prever (*irreg.*)	*to foresee*
derretirse (i, i)	*to melt*		

PARA PENSAR ANTES DE MIRAR

Averigüe el significado de estos conceptos artísticos.

1. realismo
2. surrealismo

Después del video

A. **Conexiones.** ¿A quién o a qué se refiere cada frase?

_____ 1. «el mundo estaba deformado, como un reloj derritiéndose en sus paisajes lunares»

_____ 2. «un mundo escandaloso, como en sus películas»

_____ 3. «en su poesía hay un mundo de belleza sensual»

_____ 4. «trajo una legislación moderna a España... pero también cometió una serie de excesos»

a. García Lorca
b. Luis Buñuel
c. la monarquía
d. la República
e. Salvador Dalí

B. Complete el poema de Federico García Lorca con las palabras de la lista.

_____ dormir un rato,

un rato, un minuto, _____ ;

para que todos _____ que no he muerto....

que soy _____ inmensa de mis lágrimas.

esperen
no puedo
quiero
sepan
un siglo
la sombra

Más adelante

PREGUNTAS

1. ¿En qué expresión artística se destacaron las siguientes personas?
   a. Salvador Dalí   b. Luis Buñuel   c. Federico García Lorca
2. ¿Cuáles son algunas de las reformas que el gobierno republicano trajo a España?

SU OPINION PERSONAL

¿A qué se refiere Carlos Fuentes cuando dice que el mundo después de la Primera Guerra Mundial era «escandaloso»?

PARA COMENTAR

1. Analice el significado y las imágenes del poema de Federico García Lorca.
2. ¿Cómo cambió la relación entre Iglesia y Estado en España bajo la Segunda República?
3. La Segunda República trajo una legislación moderna a España y logró galvanizar al país, pero al mismo tiempo tuvo que aceptar responsabilidad por haberlo fraccionado en grupos conservadores y liberales. ¿Quiénes formaron los varios grupos?
4. Comente alguno de los cuadros de Dalí y explique qué aspectos del mundo contemporáneo refleja.

LECTURAS SUGERIDAS

Federico García Lorca, «Gacela de la muerte oscura», del libro *Diván del Tamarit*. *Antología poética*, Madrid: Aguilar, 1973, pp. 188-189.

Antonio Machado, «El crimen fue en Granada», en *Antología poética*. Madrid: Editorial Bruguera, 1982, pp. 285-6.

Antonio Machado, «El mañana efímero», en *Poesías*. Buenos Aires: Losada, 1965, pp. 158-159.

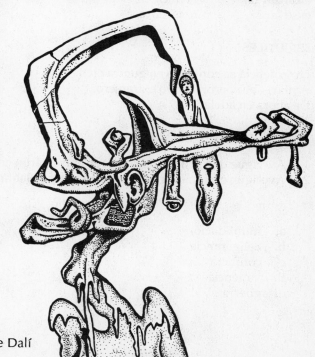

Obra de Dalí

Franco y la guerra civil

Resumen

El General Francisco Franco fue el caudillo de la insurrección que provocó la guerra civil de España entre los años 1936 y 1939. Los republicanos recibieron ayuda pero no suficiente, y los nacionalistas triunfaron, con el apoyo de Alemania e Italia. El bombardeo de Guernica fue un presagio de los grandes ataques a ciudades que ocurrieron luego durante la Segunda Guerra Mundial. Fuentes describe las condiciones en España durante los largos años del franquismo.

Antes del video

VOCABULARIO

la fachada	*façade*	la ventaja	*advantage*
el presagio	*omen*		
desamparado/a	*abandoned*	moribundo/a	*dying*
despedazado/a	*smashed, shattered*		
adherir (ie, i)	*to adhere*	estallar	*to explode*
alcanzar (c)	*to reach*	helar (ie)	*to freeze*
ensayar	*to rehearse*	lograr	*to carry out, succeed*

FRASES UTILES

La violencia se convirtió en guerra civil.   *The violence turned into civil war.*
Ambos obtuvieron apoyo extranjero.   *Both received foreign support.*
De ahora en adelante...   *From now on . . .*

PARA PENSAR ANTES DE MIRAR

1. Averigüe qué grupos de países se enfrentaron en la Segunda Guerra Mundial.
2. Averigüe el significado de las siguientes palabras.

GRUPO 1

a. intimidación
b. beligerancia
c. conflicto
d. violencia
e. guerra

GRUPO 2

a. construir
b. erigir
c. crear

Después del video

A. Conexiones. ¿A qué o a quién(es) se refiere cada frase? A veces más de una frase puede referirse al mismo nombre.

_____ 1. «uno del grupo de jefes militares que se rebelaron contra la República»

_____ 2. «hombres y mujeres de todas partes del mundo llegaron a España a luchar»

_____ 3. «Ensayaron la guerra mundial en las llanuras y los ríos de España»

_____ 4. «destruirla fue un simple ejercicio de intimidación de la población civil»

_____ 5. «nos pide que miremos el sufrimiento y la muerte a través de los símbolos eternos: el toro y el caballo»

_____ 6. «el poeta, viejo y moribundo, arrojado al exilio (al otro lado de) los Pirineos»

_____ 7. «durante los años de Franco, alcanzó el desarrollo económico pero sin libertad política»

a. las Brigadas Internacionales
b. España
c. Francisco Franco
d. Guernica
e. Hitler y Mussolini
f. Antonio Machado
g. Pablo Picasso

B. ¿Verdadero (V) o falso (F)?

_____ 1. La guerra civil española estalló en 1936.

_____ 2. El jefe de los republicanos era Francisco Franco.

_____ 3. Guernica es un pueblo en el país vasco.

_____ 4. El Monumento de los Caídos está en Madrid.

_____ 5. Bajo Franco, España apoyó a Alemania en la Segunda Guerra Mundial.

_____ 6. España alquiló bases aéreas a los Estados Unidos.

_____ 7. Además del desarrollo económico, España alcanzó la libertad política durante los años de Franco.

_____ 8. Durante y después de la guerra civil de España muchos españoles republicanos se exiliaron en el Nuevo Mundo.

TODOS LOS PUEBLOS DEL MUNDO ESTAN EN LAS BRIGADAS INTERNACIONALES AL LADO DEL PUEBLO ESPAÑOL

C. Indique con **R** (republicanos) o **N** (nacionalistas) con qué lado fueron identificados los siguientes países o personas.

_____ Alemania   _____ México

_____ las Brigadas Internacionales   _____ Mussolini

_____ Hitler   _____ Pablo Picasso

_____ Italia   _____ la Unión Soviética

_____ Antonio Machado

Más adelante

PREGUNTAS

1. ¿Quiénes apoyaron a la República durante la guerra civil?
2. ¿Quiénes apoyaron a Franco?
3. ¿Cuál fue el propósito del bombardeo de Guernica?
4. ¿Por qué Franco mandó erigir el Monumento de los Caídos? ¿Quiénes lo construyeron?
5. ¿Cuál fue la importancia de las Brigadas Internacionales? ¿Quiénes formaban parte de ellas?

SU OPINION PERSONAL

1. ¿Cuál es la importancia de la obra _Guernica_ de Picasso?
2. Franco mandó construir el Monumento de los Caídos. En su opinión, ¿qué ironía hay en la idea de su construcción y en su nombre?
3. ¿Qué simbolizan el toro y el caballo en el cuadro de Picasso?
4. ¿Piensa Ud. que Franco fue un caudillo hábil? ¿Por qué?

PARA COMENTAR

1. A pesar de aceptar la ayuda y apoyo de Hitler, Franco se consideraba gran aliado de los EE.UU. poco después de terminar la Segunda Guerra Mundial. ¿Cómo pudo Franco realizar y mantener tal relación?
2. Una gran parte del milagro económico en España ocurre durante el franquismo. Sin embargo, el dictador fue resistido por varios elementos de la sociedad española durante su dictadura. ¿Por qué ocurrió esta resistencia?
3. Comente el poema de Machado que recuerda Carlos Fuentes. ¿Qué son «las dos Españas»?

LECTURAS SUGERIDAS

Rafael Alberti, «Picasso», op. cit. pp. 794-797.

Corrales Egea et. al. _Los escritores y la guerra de España_. Barcelona: Libros de Monte Avila, 1977.

J. Lechner, _El compromiso en la poesía española del siglo XX_. Antología. Leiden: Universitaire Pers Leiden, 1968.

Manuel Machado, «Francisco Franco» (poema), en Julio Rodríguez Puértolas, _Literatura fascista española_, Vol. I, Madrid: Ediciones Akal, 1986, pág. 131.

César Vallejo. _España, aparta de mí este cáliz_. (Selección)

U N I D A D   4

Obra inacabada
en Latinoamérica

Resumen

En esta unidad Fuentes describe la gran crisis que caracteriza a Hispanoamérica con sus problemas de pobreza, explosión demográfica, la deuda externa y la falta de estabilidad. Habla de la parálisis que sufren las grandes ciudades y de los movimientos por la justicia social en varios países.

Antes del video

VOCABULARIO

el acontecimiento	*event*	el hogar	*home*
el desafío	*challenge*	la piel	*skin*
ancho/a	*wide*	insoluble	*unsolvable*
crecer (zc)	*to grow*	exigir (j)	*to demand*
derrochar	*to squander, waste*	revelarse	*to develop*

FRASES ÚTILES

Cada vez más alto, jamás terminado.
No son sino el resultado de enormes cambios.

Always higher, never finished.
They are simply the result of enormous changes.

Iglesia de estilo barroco (La Paz, Bolivia)

PARA PENSAR ANTES DE MIRAR

Averigüe la diferencia entre las palabras de estos grupos.

GRUPO 1

a. aumento
b. crecimiento
c. producción

GRUPO 2

a. desarrollar
b. mejorar
c. estabilizar

Después del video

A. Conexiones. ¿A qué o a quiénes se refiere cada frase?

_____ 1. «la agravan la deuda externa y la explosión demográfica»

_____ 2. «la mitad tiene 15 años o menos... se duplica cada 25 años»

_____ 3. «se inició un movimiento político electoral pero pronto se reveló como un movimiento social»

_____ 4. «intentó obtener el progreso basándose en la riqueza generada por vastos recursos naturales»

_____ 5. «gobernaron desde un balcón, derrocharon la riqueza acumulada por las exportaciones»

a. Juan y Eva Perón
b. las grandes ciudades latinoamericanas
c. la población de América Latina
d. la revolución mexicana
e. Venezuela

B. ¿Verdadero (V) o falso (F)?

_____ 1. La población de Latinoamérica se duplica cada 50 años.

_____ 2. Hoy en día Latinoamérica cuenta con unos 400 millones de personas.

_____ 3. La mitad de la población latinoamericana tiene menos de 15 años.

_____ 4. La mayoría de los latinoamericanos vive en el campo.

_____ 5. La revolución mexicana se inició como un movimiento político electoral.

_____ 6. Venezuela intentó obtener el progreso con justicia basándose en la riqueza generada por los recursos naturales.

Más adelante

PREGUNTAS

1. ¿Cuáles son algunos de los mayores problemas que tienen las grandes ciudades latinoamericanas?
2. ¿A través de qué tipos de reformas revolucionarias intentó México obtener el progreso con justicia?
3. ¿Cómo es el crecimiento de la población en Latinoamérica?

SU OPINION PERSONAL

1. Explique el concepto de «aldea global».
2. Según Carlos Fuentes, los problemas que se encuentran en las grandes ciudades de Latinoamérica son iguales a los de cualquier gran ciudad del mundo. ¿Está Ud. de acuerdo?

PARA COMENTAR

La edad promedio de los latinoamericanos es de menos de 15 años. ¿Cuál será en EE.UU? ¿Cuáles son algunos de los desafíos para una población tan joven? ¿Dónde podrán buscar soluciones?

LECTURAS SUGERIDAS

Emilio Carballido. *D.F. 26 obras en un acto*. México: Grijalbo, 1978.
Osvaldo Dragún. *Historias para ser contadas*. Ottawa: Girol Books, 1982.
Antonio Skármeta, ed. *Santiago, pena capital: narraciones de Santiago*. Santiago de Chile: Documentas, 1991.

U N I D A D 5

Relaciones con los EE.UU.

Resumen

El tema de esta unidad es la historia de la intervención norteamericana en Latinoamérica. La política del buen vecino de la Segunda Guerra Mundial desapareció en los años de la guerra fría cuando EE.UU., en nombre del anticomunismo, suprimió varios movimientos sociales.

Antes del video

VOCABULARIO

el garrote	*club*	la potencia	*power*
el infante	*infantryman*	el vecino	*neighbor*
en seguida	*at once*		
derrocar (qu)	*to unseat, overthrow*	suprimir	*to suppress*
desatar	*to unleash*		

FRASES UTILES

Una democracia por dentro, un imperio por fuera.   *A democracy inside, an empire outside.*
Obtuvo lo que quería.   *He obtained what he desired.*

PARA PENSAR ANTES DE MIRAR

1. Averigüe quiénes son el Dr. Jekyll y Mr. Hyde.
2. Averigüe en un diccionario con referencias biográficas quiénes fueron los siguientes personajes históricos.
    a. Franklin Delano Roosevelt
    b. César Augusto Sandino
    c. Jacobo Arbenz
    d. Salvador Allende

Después del video

A. **Conexiones.** ¿A quién o a qué se refiere cada frase?

____ 1. «una democracia por dentro, un imperio por fuera»

____ 2. «persiguió a Pancho Villa por el norte»

____ 3. «la política del Buen Vecino»

____ 4. «fue enviado a combatir» a los infantes

____ 5. pereció en un golpe militar en Chile

____ 6. «su revolución joven y pobre mantuvo su independencia»

a. los EE.UU.
b. F. D. Roosevelt
c. Nicaragua
d. el padre de Fuentes
e. el general Pershing
f. Salvador Allende

B. Según Carlos Fuentes, Estados Unidos ha intervenido en la política interna de algunos de los siguientes países. Identifíquelos con «X».

____ Argentina   ____ Haití

____ Chile   ____ Honduras

____ Colombia   ____ México

____ Cuba   ____ Nicaragua

____ Ecuador   ____ Perú

____ Guatemala   ____ Venezuela

Más adelante

PREGUNTAS

1. Según Carlos Fuentes, EE.UU. se convirtió en el Dr. Jekyll y Mr. Hyde de Latinoamérica. Dé ejemplos de cómo EE.UU. manifiesta estas dos personalidades.
2. ¿En qué se diferenció la política del buen vecino hacia Latinoamérica de la política estadounidense de antes?

SU OPINION PERSONAL

1. En la opinión de Carlos Fuentes, EE.UU. sigue una «diplomacia del dólar». ¿En qué se basará esta expresión? ¿Por qué lleva una connotación negativa? En su opinión, ¿sigue en efecto esta política?
2. ¿Por qué dice Carlos Fuentes que Estados Unidos es «una democracia por dentro, un imperio por fuera»?
3. El presidente Wilson proclamaba: «Y les enseñaré a los latinoamericanos a elegir buenos gobernantes». ¿Piensa Ud. que EE.UU. tenía ese derecho? Si Ud. cree que lo tenía, ¿ha hecho realidad esas palabras en Latinoamérica?

PARA COMENTAR

1. ¿Por qué gozaba Roosevelt de tanta popularidad en Latinoamérica?
2. ¿Cómo se puede explicar el compromiso de EE.UU. con la democracia si al mismo tiempo ha apoyado a tantas dictaduras militares en Latinoamérica?
3. Comente si es legítimo o ilegítimo que Estados Unidos intervenga militarmente en otro país (o que otro país intervenga militarmente en Estados Unidos). Fundamente su opinión.

LECTURAS SUGERIDAS

Rubén Darío, «A Roosevelt», en *Poesía*. Caracas: Biblioteca Ayacucho, 1977, pp. 255-256.
Julio Cortázar, «Apocalipsis de Solentiname», en *Alguien que anda por ahí*. Madrid: Ediciones Alfaguara, 1977: 95-105.
Eduardo Galeano, «Celebración del coraje, 4», en *El libro de los abrazos*. Montevideo: Ediciones del Chanchito, 1989, pág. 248.
Steven White, ed. *Poets of Nicaragua*. Greensboro, NC: Unicorn Press, 1982.

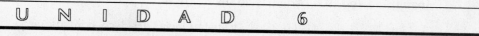

U N I D A D   6

En busca de modelos

Resumen

Los modelos extranjeros tanto de la izquierda como de la derecha han fracasado en Latinoamérica. Fuentes plantea la necesidad de buscar nuevos modelos que no sean simples imitaciones de sistemas extranjeros.

Antes del video

el lecho	*bed*	el nivel	*level*
el mármol	*marble*	el telón	*theater curtain*
estrepitosamente	*noisily*	extralógico/a	*illogical*
albergar (gu)	*to shelter, house*	mostrar (ue)	*to show*

FRASES UTILES

No habían logrado sacar de la miseria
  a la mayoría de la población.

Se va hundiendo en el lecho esponjoso del lago.

Y veamos de vuelta todo lo que hemos sido.

*They had not managed to rescue the majority
  of the population from poverty.*
It keeps on sinking into the spongy lake bed.
And let's look again at what has made us a people.

PARA PENSAR ANTES DE MIRAR

Averigüe la diferencia entre los siguientes conceptos.

1. capitalismo
2. socialismo
3. comunismo
4. democracia

Después del video

A. Conexiones. ¿A quién o a qué se refiere cada frase?

____ 1. «se ha venido hundiendo en el lecho del lago azteca»

____ 2. creó «un magnífico telón de cristal» para el teatro

____ 3. «buscando (en su cuento) ese gigantesco instante donde todos los espacios del mundo se encuentran»

a. el Palacio de Bellas Artes
b. Carlos Fuentes
c. Jorge Luis Borges
d. Tiffany

B. Complete las oraciones con las palabras de la lista.

1. El Palacio de Bellas Artes en _____ fue inaugurado en 1934. Además de sus motivos _____ y sus audacias art-deco, contribuye a la mezcolanza arquitectónica.

2. El magnífico _____ de Bellas Artes es de cristal. Por aquí se pueden encontrar representaciones del arte, de _____ y de la música. Sirve como un gran _____ de la cultura mexicana.

Buenos Aires
españoles
espejo
la literatura
madera
México
precolombinos
telón

Más adelante

PREGUNTAS

1. ¿Qué ha ocurrido en Latinoamérica con el capitalismo y el socialismo?
2 ¿Cómo es el Palacio de Bellas Artes de México? ¿Qué problema hay en cuanto al sitio donde se construyó?

SU OPINION PERSONAL

1. En su opinión, ¿hay en los Estados Unidos problemas similares a los de Latinoamérica?
2. ¿Por qué cree que los países latinoamericanos han imitado tanto a Europa?
3. ¿Cree Ud. que Estados Unidos también imita modelos extranjeros? Fundamente su opinión.

PARA COMENTAR

1. Carlos Fuentes usa el ejemplo del Palacio de Bellas Artes de México para ilustrar la explicación de por qué no han funcionado los modelos políticos y económicos de Europa en Latinoamérica. ¿Por qué emplea Fuentes este edificio como ejemplo?
2. Exprese su opinión sobre si es conveniente o no imitar modelos de otros países. ¿Se puede ser absolutamente original en el mundo contemporáneo?

LECTURAS SUGERIDAS

Eduardo Galeano, «Crónica de la ciudad de México», en *El libro de los abrazos*. Montevideo: Ediciones del Chanchito, 1989, pág. 112.
Octavio Paz, «Ciudad de México»; «Hablo de la ciudad», en *The Collected Poems of Octavio Paz*. New York: New Directions Book, 1992: 362-370; 510-516.

U N I D A D 7

La cultura:
una manera de ser

Resumen

En esta unidad Fuentes comenta la importancia de la cultura en Latinoamérica como una manera de ser, de ver, de reír y de hablar. Habla de las raíces de esta cultura y de algunos de los grandes artistas que la representan: Tamayo, Botero, Frida Kahlo y Diego Rivera.

Antes del video

la piedra	*rock*	el/la soñador(a)	*dreamer*
el retrato	*portrait*		
encadenado/a	*chained*		
reír (i, i)	*to laugh*		

PARA PENSAR ANTES DE MIRAR

Averigüe el significado de las siguientes palabras.

1. pasado 2. origen 3. raíces 4. memoria 5. tradición

Después del video

A. Conexiones. ¿A quién se refiere cada frase?

_____ 1. «mira al mundo con los ojos modernos del pasado indígena»

_____ 2. «España y Goya continúan en su arte»

_____ 3. «la cultura es nuestra manera de reír»

_____ 4. «escuché la voz del poeta»

_____ 5. «un mural (en que) nos da un retrato de las riquezas del Nuevo Mundo»

a. Diego Rivera
b. Fernando Botero
c. José Luis Cuevas
d. Pablo Neruda
e. Rufino Tamayo

B. ¿De dónde son estos artistas y escritores?

_____ 1. Jacobo Borges

_____ 2. Fernando Botero

_____ 3. Francisco Goya

_____ 4. Frida Kahlo

_____ 5. José Luis Cuevas

_____ 6. Pablo Neruda

_____ 7. Diego Rivera

_____ 8. Rufino Tamayo

_____ 9. Wilfredo Lam

a. Argentina
b. Chile
c. Colombia
d. Cuba
e. España
f. México
g. Perú
h. Venezuela

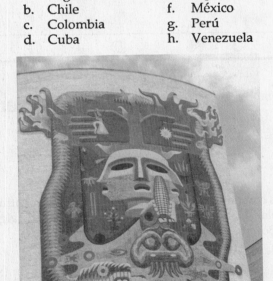

Mural en la Universidad de México

Más adelante

PREGUNTAS

1. ¿Qué es la cultura, según Carlos Fuentes?
2. ¿Hay herencia de la cultura española en Hispanoamérica?
3. ¿Qué raíces se ven en la obra de estos artistas latinoamericanos?
   a. Jacobo Borges
   b. Frida Kahlo
   c. Wilfredo Lam
   d. José Luis Cuevas
   e. Diego Rivera
   f. Rufino Tamayo

SU OPINION PERSONAL

1. ¿Por qué es importante que un país tenga memoria de su pasado?
2. ¿Se puede tener raíces y herencia cultural y no tener memoria o recuerdos de ellas?

PARA COMENTAR

Fuentes emplea la palabra «cultura» en el sentido más amplio. Comente este uso, dando ejemplos semejantes en la cultura de los EE.UU.. Comente también otros sentidos de la palabra «cultura», con respecto, por ejemplo, a un monumento o a una estatua.

U N I D A D 8

Modelos propios

Resumen

Fuentes señala las cuatro «des» de la crisis latinoamericana: deuda, droga, desarrollo y democracia. El se pregunta de dónde han de venir los nuevos modelos para el desarrollo auténtico del continente.

Antes del video

VOCABULARIO

la deuda	*debt*	el sindicato	*labor union*
el/la empresario/a	*businessperson*		
asombroso/a	*astonishing*	fallido/a	*frustrated, vain*

FRASE UTIL

A menudo mediante la cooperación...   *Often through cooperation . . .*

PARA PENSAR ANTES DE MIRAR

Averigüe la diferencia entre:

1. centralismo y autonomía
2. autoritarismo y pluralismo

Después del video

A. ¿Verdadero (**V**) o falso (**F**)?

_____ 1. Las cuatro «des» que describen la crisis latinoamericana son deuda, droga, desarrollo y democracia.

_____ 2. La mejor posibilidad de ameliorar la situación vendrá de los modelos europeos.

_____ 3. A causa de muchos problemas hay descontinuidad cultural.

_____ 4. Los sindicatos y organizaciones femeninas están jugando un papel activo en la historia latinoamericana.

_____ 5. La tradición autoritaria empieza a ser transformada por la acción democrática.

B. Según Carlos Fuentes, ¿cuáles de las siguientes acciones son necesarias para que Latinoamérica ponga su casa en orden?

_____ 1. aumentar las exportaciones agrarias

_____ 2. crear una política pluralista

_____ 3. encontrar soluciones concretas a los problemas

_____ 4. propiciar la democracia en todos los países

_____ 5. invertir más capital en la industrialización

_____ 6. proteger el medio ambiente

Más adelante

PREGUNTAS

1. Según Carlos Fuentes, ¿de dónde tienen que venir los modelos de progreso para Latinoamérica?
2. ¿Quiénes están convirtiéndose en los protagonistas activos de la historia latinoamericana? ¿Cómo está cambiando la base del poder?

SU OPINION PERSONAL

1. En su opinión, ¿por qué pone tanto énfasis Fuentes en la necesidad de tener «nuestros propios modelos» para resolver los problemas latinoamericanos?
2. ¿Por qué es tan importante para Carlos Fuentes la cultura latinoamericana? ¿En qué ayuda al presente de estos países?

PARA COMENTAR

Fuentes dice que «la sociedad descubre sus poderes... actuando con más rapidez que el gobierno durante el terremoto de la ciudad de México en 1985». Carlos Fuentes recuerda que después del terremoto, la gente se organizó por su cuenta y actuó con más rapidez que el gobierno. Comente qué significado tiene este ejemplo.

LECTURA SUGERIDA

Eduardo Galeano, «Nosotros decimos no», en *Nosotros decimos no. Crónicas.* México: Siglo XXI Editores, 1989, pp. 387-389.

U N I D A D 9

La frontera

Resumen

La frontera entre los EE.UU. y México es la única entre un mundo en desarrollo y un mundo desarrollado. Es también la división entre Angloamérica y Latinoamérica. Fuentes comenta la experiencia de los inmigrantes que, a pesar de las patrullas con su tecnología, pasan la frontera cada día. También comenta lo que les espera a los indocumentados al otro lado y lo que éstos representan para la economía estadounidense.

Antes del video

VOCABULARIO

la cicatriz	*scar*	la frontera	*border*
la esquina	*corner*	la zanja	*ditch*
alambrado/a	*with (barbed) wire*	prieto/a	*dark-skinned*
dañar	*to harm, injure*	rebasar	*to exceed*
desafiar	*to mistrust*	saborear	*to taste*
erigirse (j)	*to erect*		

FRASES UTILES

De modo que aunque no hubiese severo
   desempleo en México...
Bastan unos cuantos pasos...
Una tierra de nadie...
Esperando que se les dé el trabajo...

So that even if there were not severe
   unemployment in Mexico . . .
A few steps are enough . . .
A no-man's land . . .
Hoping that they might be given work . . .

PARA PENSAR ANTES DE MIRAR

Averigüe en qué áreas de los Estados Unidos hay más inmigrantes hispanos. ¿Hay población de origen hispano en su comunidad?

Después del video

A. Conexiones. ¿A quién(es) o a qué se refiere cada frase?

_____ 1. «a dos millas de distancia... las calles norteamericanas»

_____ 2. «tienen a su disposición las más modernas tecnologías»

_____ 3. «se les acusa de dañar la economía de los EE.UU.»

_____ 4. «donde una tercera hispanidad nos espera detrás de la larga frontera»

_____ 5. «la única visible entre el mundo desarrollado y el mundo en desarrollo»

_____ 6. «se agrupan en las esquinas esperando que se les dé trabajo»

a. los EE.UU.
b. la frontera
c. los inmigrantes
d. las patrullas de la Inmigración
e. un refugio anónimo

B. Indique la(s) respuesta(s) correcta(s) con un círculo. A veces una oración puede tener más de una respuesta correcta.

1. La frontera entre México y los Estados Unidos es de unos (1.000 / 3.000 / 5.000 / 10.000) kilómetros de extensión.

2. Se emplean (barreras / perros / muros / zanjas) para impedir el paso de los inmigrantes hispánicos a los EE.UU.

3. Para muchos mexicanos, la frontera es (una contusión / una cicatriz / una herida / un golpe).

4. Los inmigrantes son víctimas perfectas porque (no hablan inglés / no tienen dinero / no tienen cultura / temen a las autoridades).

5. Se acusa a los inmigrantes de (ser perezosos / dañar la economía estadounidense / ser criminales / contribuir a la sobrepoblación).

6. Los mexicanos siguen cruzando la frontera porque (los EE.UU. los necesitan / hay siempre más trabajo en la agricultura / temen a las autoridades mexicanas / quieren aprender inglés).

Más adelante

PREGUNTAS

1. ¿Qué marca la frontera entre México y los EE.UU, además de la separación política entre los dos países?
2. ¿Por qué dicen algunos que la frontera entre México y los EE.UU. no es frontera sino cicatriz?
3. ¿Por qué son los inmigrantes ilegales las «víctimas perfectas»?
4. ¿Qué ventaja tienen ellos sobre las patrullas de la inmigración?
5. ¿Qué clase de trabajo hacen cada vez más los inmigrantes ilegales en los EE.UU.?

SU OPINION PERSONAL

¿Por qué dice Carlos Fuentes que la hispanidad de los Estados Unidos «es antigua y nueva»?

PARA COMENTAR

La frontera de los EE.UU. con el Canadá no restringe el paso de la gente, incluso se puede pasar sin documentación. En contraste, la frontera con México es vigilada noche y día . Comente lo que sería necesario cambiar en los dos países—los EE.UU. y México—para que esta frontera fuera como la que tenemos con el Canadá.

LECTURAS SUGERIDAS

«La Víctima», en Jorge Huerta, ed. Necessary Theater. *Six Plays about the Chicano Experience*. Houston, TX.: Arte Público Press, 1988.

Juan Armando Epple, «El exilio hispano en Estados Unidos», en Nicolás Carellos, ed. *Handbook of the Hispanic Cultures in the United States*. Houston: Arte Público Press, 1993.

U N I D A D   1 0

La inmigración y los EE.UU.

Resumen

Fuentes recuerda su propia experiencia de niño en Washington, D.C. en la embajada de México, donde su padre servía de consejero. Habla de lo que le decía su padre de la revolución mexicana y del presidente Cárdenas, y también de las reacciones de algunos de sus compañeros norteamericanos. Y plantea la cuestión: ¿Qué significa para la cultura de los EE.UU. su aspecto multirracial y policultural?

Antes del video

el/la cazador(a)	*hunter*	el hueso	*bone*
el/la consejero/a	*advisor*	el/la pastor(a)	*shepherd*
la embajada	*embassy*	la tribu	*tribe*
la etapa	*stage, phase*		
fiel	*faithful*	soberano/a	*sovereign*
platicar (qu)	*to chat*		

FRASES UTILES

Hace más de dos siglos...   *More than two centuries ago . . .*
Este es mi padre a caballo.   *This is my father on horseback.*
Todo esto me hizo darme cuenta de que...   *All this made me realize that . . .*

PARA PENSAR ANTES DE MIRAR

Averigüe la diferencia entre:

1. confrontar y negociar   2. intervenir y cooperar   3. imponer e influir

Después del video

A. Conexiones. ¿A quién se refiere cada frase?

_____ 1. «era consejero de la embajada de México en Washington, D.C.»

_____ 2. «nacionalizó el petróleo en México»

_____ 3. «decidió respetar la decisión soberana de México»

_____ 4. «él se empezó a preguntar cuál era la identidad de los EE.UU.»

a. Benito Juárez
b. Carlos Fuentes
c. F. D. Roosevelt
d. Lázaro Cárdenas
e. el padre de Fuentes

B. ¿Qué cree Ud? ¿Cómo respondería a las preguntas de Carlos Fuentes?

_____ 1. ¿Es EE.UU. un país multicultural?

_____ 2. ¿Hay en los EE.UU. una sola cultura?

_____ 3. ¿Ha asimilado EE.UU. la totalidad de su historia?

_____ 4. ¿Le falta a los EE.UU. escribir su historia india, negra e hispánica?

_____ 5. ¿Es la cultura de los EE.UU. blanca, anglosajona y protestante?

Más adelante

PREGUNTAS

1. Carlos Fuentes dice que América es un continente de inmigrantes. Explique por qué lo dice y a quiénes se refiere.

2. ¿Cómo afectó la revolución mexicana los intereses estadounidenses? ¿Cómo iniciaron una nueva etapa los presidentes Cárdenas y Roosevelt?

3. Fuentes dice que los EE.UU., más que una nación, es un universo. ¿A qué se refiere?

SU OPINION PERSONAL

Fuentes relata sus años escolares en Washington, D.C. donde su padre servía de consejero en la embajada mexicana. ¿Cree Ud. que tales experiencias fueron importantes en la formación del famoso autor? ¿Puede Ud. indicar el lado positivo tanto como el lado negativo de esas experiencias?

PARA COMENTAR

Exprese sus ideas a las preguntas formuladas por Fuentes.

1. ¿Hay en los EE.UU. una sola cultura blanca, anglosajona y protestante o varias?
2. ¿Ha asimilado EE.UU. la totalidad de su historia o sólo su historia blanca?

LECTURA SUGERIDA

Octavio Paz, «México y los Estados Unidos: posiciones y contraposiciones», en *Tiempo nublado.* Barcelona: Seix Barral, 1983: 139–159.

UNIDAD 11

La presencia hispánica en los EE.UU.

Resumen

La minoría hispánica es la que más rápidamente crece en los EE.UU. Los Angeles es la segunda ciudad hispanoparlante del mundo. ¿Qué ofrece la presencia hispánica? Fuentes destaca como aportes: la religión, las actitudes hacia la familia y la importancia cultural de los viejos.

Antes del video

VOCABULARIO

la ascendencia	*ancestry*	el murmullo	*murmur*
el compromiso	*commitment*	la ofrenda	*offering*
el crisol	*melting pot*	el pálpito	*hunch, presentiment*
el flujo	*flow, stream*	la red	*net*
el mito	*myth*	la tregua	*truce*
hondo/a	*profound*		
aportar	*to contribute*	negarse (a) (ie) (gu)	*to refuse (to)*

FRASES UTILES

Año tras año...
Es además el que recuerda las historias.

Year after year . . .
He also is the one who remembers the stories.

PARA PENSAR ANTES DE MIRAR

Averigüe las diferencias entre las palabras de cada grupo.

GRUPO 1

a. antiguo
b. anciano
c. viejo

GRUPO 2

a. integrar(se)
b. asimilar(se)
c. segregar(se)

Después del video

A. Conexiones. ¿A qué o a quién se refiere cada frase?

_____ 1. «la segunda ciudad hispanoparlante del mundo después de México»

_____ 2. «su arte contribuye a la diversidad cultural del mundo moderno»

_____ 3. «porta otras ofrendas... un hondo sentido de lo sagrado... que el mundo es sensual, táctil»

_____ 4. «cada vez que muere... toda una biblioteca muere»

_____ 5. «es casi el periódico del pueblo, el libro de historia más abierto»

a. el anciano
b. el corrido
c. la familia
d. Gilberto Luján
e. el hispánico
f. Los Angeles
g. Miami

B. Ponga la letra de la columna B que se relaciona con la descripción de la columna A.

A

_____ 1. las «bibliotecas» de una tradición oral

_____ 2. la canción mexicana, que es el periódico del pueblo

_____ 3. los ciudadanos estadounidenses de ascendencia mexicana

_____ 4. la mayor parte de los inmigrantes hispánicos

_____ 5. la minoría de más rápido crecimiento en los EE.UU.

_____ 6. el origen del falseto en una canción mexicana

_____ 7. el porcentaje de hispanoparlantes que habrá en los EE.UU. en el siglo XXI

_____ 8. la primera ciudad hispanoparlante del mundo

_____ 9. la red de seguridad en tiempos difíciles

_____ 10. la segunda ciudad hispanoparlante del mundo

B

a. 25 por ciento
b. 50 por ciento
c. los chicanos
d. el corrido
e. la familia
f. los hispánicos
g. Los Angeles
h. Madrid
i. los mexicanos
j. México
k. el mohecín árabe
l. los viejos

Más adelante

PREGUNTAS

1. ¿Qué es el «mito del crisol norteamericano»?
2. ¿En qué aspectos contribuye la población hispánica en los EE.UU. a la diversidad cultural?
3. Además de la religión católica, ¿qué sentidos religiosos traen los inmigrantes hispánicos?
4. Según Carlos Fuentes, ¿cuáles son las características de la familia hispánica?
5. ¿Qué es el corrido?

SU OPINION PERSONAL

1. En su opinión, ¿por qué crece la minoría hispánica más rápidamente que las otras?
2. Fuentes dice que en la cultura hispánica, cada vez que muere una persona vieja, toda una biblioteca muere también. ¿Cómo interpreta Ud. esta idea? ¿Es esto verdad sólo entre los hispanos?

PARA COMENTAR

Fuentes presenta diferentes actitudes entre los hispánicos de los EE.UU.: (1) «Quisiéramos retener la lengua española». (2) «Olvida la lengua, intégrate cuanto antes. Usa el español sólo para aprender inglés y asimilarte a la mayoría». ¿Puede Ud. imaginar los motivos que puede tener alguien para asimilarse a la mayoría? Coméntelo en un párrafo breve.

LECTURAS SUGERIDAS

Efraín Barradas, ed. *Apalabramiento: diez cuentistas puertorriqueños de hoy*. Hanover, NH.: Ediciones del Norte, 1983.
Efraín Barradas, ed. *Herejes y mitificadores: muestra de poesía puertorriqueña en Estados Unidos*. Río Piedras, PR.: Ediciones Huracán, 1980.
Nicolás Guillén, «Pequeña oda a un negro boxeador cubano», en *Antología mayor*. México: Editorial Diógenes, 1981, pp. 38-39.
Julián Olivares, ed. *Cuentistas hispanos en los Estados Unidos*. Houston, TX.: Arte Público Press, 1993.
Tino Villanueva, *Chicanos. Antología histórica y literaria*. México: Fondo de Cultura Económica, 1980.

¿Ser o no ser?

Resumen

El dilema de los hispanos es asimilarse a la cultura anglosajona o mantener la diversidad cultural. Fuentes considera las dos alternativas y presenta su propio punto de vista. Dice que es en California donde se plantea el problema universal del siglo XX: ¿cómo tratar al otro?

Antes del video

VOCABULARIO

el aislamiento	*isolation*	el toque	*touch*
llamativo/a	*flashy, illustrative*	súbitamente	*suddenly*
abrazar (c)	*to embrace*	añadir	*to add*

FRASES UTILES

Gústele o no...
Constituye más bien una fuente de fortaleza.

Like it or not . . .
Rather, it constitutes a source of strength.

PARA PENSAR ANTES DE MIRAR

Averigüe el significado de:

1. monocultural   2. bicultural   3. policultural   4. homogéneo   5. heterogéneo

Después del video

A. ¿Verdadero (V) o falso (F)?

_____ 1. La ciudad de Los Angeles recibe a muchos inmigrantes todos los días.

_____ 2. La decisión de mantener su propia cultura es difícil para los hispanos.

_____ 3. El aislamiento hace más fuerte la raza.

_____ 4. La biblioteca de San Juan Capistrano es un buen ejemplo de la arquitectura mexicana.

_____ 5. Un problema universal del siglo XX es cómo tratar al «otro».

_____ 6. El lenguaje de la imaginación es universal.

Más adelante

PREGUNTAS

1. ¿Cuál es el dilema cultural de los ciudadanos norteamericanos de origen extranjero?
2. ¿Quién es «el otro» de que habla Carlos Fuentes?

PARA COMENTAR

«Los Angeles plantea el problema universal del siglo XX: ¿Cómo tratar al otro y cómo tratar con él o ella, que no son como tú o yo?» Comente en qué sentido, según Fuentes, es este el problema universal del siglo XX. En su opinión, ¿será también el problema universal del siglo XXI?

U N I D A D 1 3

La diversidad:
el otro

Resumen

En esta última unidad Fuentes resume algunas de las ideas básicas de todos los programas. Habla de España, su progreso económico y político pero también de su necesidad de seguir unida a la América española. Dice que el mayor desafío es abrazar al «otro».

Antes del video

VOCABULARIO

el/la cachorro/a   *cub*

ajeno/a   *alien, of others*   sordo/a   *deaf*

arriesgar (gu)   *to risk*   fracasar   *to fail*

desempeñar   *to carry out*   gozar (c)   *to enjoy*

ensanchar   *to broaden*   reflejar   *to reflect*

FRASES UTILES

Por lo demás...   *Furthermore . . .*

Juan Carlos fue el fiel de la balanza.   *Juan Carlos was the needle of the scale.*

Por no decir la Disneylandia europea...   *Or, in other words, the European Disneyland . . .*

PARA PENSAR ANTES DE MIRAR

1. Averigüe quiénes son los personajes mitológicos Saturno y Prometeo.
2. Averigüe el significado de cada palabra de estos grupos.

GRUPO 1   GRUPO 2

a. engaño   a. generosidad

b. ilusión   b. complacencia

c. sueño   c. aceptación

d. imaginación

Después del video

A. Conexiones. ¿A quién o a qué se refiere cada frase?

_____ 1. se ve «reflejado en el espejo antes enterrado, de la diversidad cultural»

_____ 2. «25% de las palabras son de origen árabe»

_____ 3. «gozando del más rápido crecimiento económico de la Europa actual»

_____ 4. «fue el fiel de la balanza, el punto de equilibrio» del proceso democrático

_____ 5. llamó «cachorros del león español» a los hispanoamericanos

_____ 6. «tan atento a presentar los más diversos perfiles de la humanidad... niega las falsas ilusiones»

_____ 7. devora a sus propios hijos

_____ 8. «En sus murales en Pomona, Prometeo simboliza la visión trágica de la cultura hispanoamericana»

a. Carlos Fuentes
b. el castellano
c. España
d. Goya
e. Juan Carlos
f. México
g. Orozco
h. Rubén Darío
i. Saturno

Saturno

B. Indique con «X» las culturas que forman parte de la herencia española.

____ 1. árabe   ____ 7. ibérica

____ 2. china   ____ 8. italiana

____ 3. fenicia   ____ 9. judía

____ 4. gitana   ____ 10. mexicana

____ 5. goda   ____ 11. romana

____ 6. griega   ____ 12. rusa

C. Complete las oraciones con las palabras de la lista.

1. La nueva juventud de España es _____.

2. En las obras de Francisco Goya, los hombres son prisioneros de

   _____.

3. Prometeo perdió su _____ al darle el fuego

   a la humanidad.

4. El arte hispano es _____ constante sobre la violencia.

una advertencia
comunista
democrática
la historia
libertad
los padres
un problema

Más adelante

PREGUNTAS

1. ¿Qué cambios se ven en España con la transición de la dictadura a la democracia?
2. ¿Qué papel juega el rey Juan Carlos en este proceso?
3. ¿En qué consistió el dilema trágico de Prometeo?
4. ¿Qué significa la frase de Carlos Fuentes «nos hemos reconocido en el otro»? ¿Quién es el «otro»?

SU OPINION PERSONAL

1. «La pobreza no hace a nadie mejor, sólo lo hace más cruel». Este sentimiento es opuesto a la defensa de la pobreza como fuente de buen juicio y otras cualidades positivas. ¿Qué opina Ud.?
2. Dé su opinión sobre esta idea expresada por Carlos Fuentes: «Pues un hombre y su cultura perecen en el aislamiento y un hombre y su cultura sólo nacen o renacen en la compañía de los demás, en compañía de los hombres y mujeres de otra cultura, de otro credo, de otra raza».

PARA COMENTAR

«La lección de España y de la América española es que no hay desafío más grande que el "otro". Desafiando nuestros prejuicios, desafiando nuestra capacidad para dar y para recibir». Explique esta idea en términos concretos, con ejemplos.

En este capítulo el escritor Carlos Fuentes analiza los grandes cambios políticos y sociales que han tenido lugar en España y Latinoamérica durante el siglo XX y destaca la presencia de una tercera hispanidad: el mundo hispano de los Estados Unidos. Para él, la riqueza más importante de un país es su cultura porque le permite reconocer su identidad y desarrollarse en un sentido auténtico.

Escriba un breve ensayo sobre uno de los siguientes temas.

A. El valor de la herencia indígena en la cultura mexicana actual

B. La Cenicienta frente a su espejo: ¿podrá encontrar América Latina modelos propios?

C. Relaciones entre los Estados Unidos y América Latina: ¿intervención o interdependencia?

D. La presencia hispana en los Estados Unidos

E. Estados Unidos frente a su espejo: en busca de la identidad multicultural

F. «Conozco mejor mi identidad: hablo dos idiomas».

Spanish-English Vocabulary

Students are encouraged to obtain a standard Spanish-English Dictionary. Word definitions provided in this limited list are based on usage in the context of the video narration. This contains all the words that appear in the textbook and video script with the following exceptions: (1) most close or identical cognates that do not appear in the chapter vocabulary lists; (2) conjugated verb forms—only the infinitives are listed; (3) diminutives ending in -ito/a; (4) most adverbs ending in -mente (if the corresponding adjective is listed).

Stem changes and spelling changes in verbs are indicated in parenthesis following the infinitive: **dormir (ue, u); llegar (gu); seguir (i, i) (g); tocar (qu); huir (y).** Irregular verbs such as **ser** and **ir** are described as *irreg.*

The gender of masculine nouns ending in **-o** and feminine nouns ending in **-a** is <u>not</u> indicated. However, if a masculine noun in **-o** has a feminine variant in **-a** the noun is listed thus: *enemigo/a.* The gender of all other nouns is indicated with *m.* or *f.*, or with both in the case of one form with both genders, such as "**artista** *m., f.*" Adjectives ending in **-o** in the masculine singular are listed only in the singular form: **-o/a.** Adjectives and nouns that become feminine by <u>adding</u> **-a** to the masculine form are indicated with (a) thus: *administrador(a).*

Words beginning with **ch, ll,** and **ñ** are found under separate headings, following the letters **c, l,** and **n,** respectively. Similarly, **ch, ll,** and **ñ** within words follow **c, l,** and **n,** respectively. For example, **coche** follows **cóctel, calle** follows **calor,** and **añadir** follows **anuncio.**

Entries that are followed by Carlos Fuentes' name in parentheses are words coined by him during the development of these programs.

The following abbreviations are used:

adj.	adjective		*irreg.*	irregular
adv.	adverb		*L.A.*	Latin American
Arab.	Arabic		*m.*	masculine
aux.	auxiliary, helping		*n.*	noun
f.	feminine		*pl.*	plural
geog.	geographical term		*p.p.*	past participle
inf.	infinitive		*prep.*	preposition
invar.	invariable		*sing.*	singular

A

abad *m.* abbot
abajeño/a lowlander
abajo below, down
abarcar (qu) to cover, include
abierto/a *p.p.* open
abismo abyss
abocado a verging on
abolir to abolish
aborigen *m., f.* native, aborigine
abrazar (c) to embrace
abrigar (gu) to shelter
abrigo shelter; coat
abrir to open
abrumador(a) overwhelming
abuelo/a grandfather/ grandmother
acabar to finish; **acabar de** + *inf.* to have just (done something)
acarrear to carry, transport

acaso perhaps, possibly; **por si acaso** if by chance
accidentado/a troubled; uneven
acelerar to accelerate, hasten
acerca de about
acercarse (qu) to approach
acero steel
achicar (qu) to diminish
aclamar to acclaim
aclararse to explain (oneself)
acompañar to accompany
acontecer (zc) to happen
acontecimiento event, happening
acordar (ue) to agree; **acordarse (ue) de** to remember
acortar to shorten, reduce
actitud *f.* attitude
actual contemporary
actuar (ú) to act
acueducto acueduct
acuerdo agreement

acumular to accumulate
acurrucarse (qu) to curl up
adecuado/a adequate
adelante forward
además furthermore
adherir (ie, i) to adhere
administrador(a) administrator
adolescencia adolescence
adolescente *n. m., f.; adj.* adolescent
¿adónde? (to) where?
adondequiera wherever
adorar to worship
adormilarse to get drowsy
adornar to decorate
adquerir (ie, i) to acquire
advenimiento coming, arrival
advertencia warning, advice
advertir (ie, i) to advise, warn
aéreo/a *adj.* air
aeroplano airplane
afán *m.* desire; fervor

afligir (j) to afflict
afortunado/a fortunate
africano/a African
afroantillano/a Afro-Antillean (of
    African origin living in West
    Indies)
afrocubano/a Afro-Cuban
agitar(se) to become agitated
agónico/a moribund
agradecer (zc) to thank, appreciate
agradecido/a thankful
agredir to assault; to insult
agrícola m., f. agricultural
agricultor(a) farmer
agricultura agriculture
agropecuario/a pertaining to land
    and cattle
agrupar to group together
agua f. (but: el agua) water
águila f. (but: el águila) eagle
ahí there
ahora now; de ahora en adelante
    from now on
ahorcar (qu) to hang (someone)
ahorros savings
aire m. air
aislamiento isolation
aislar to isolate
ajedrez m. chess
ajeno/a foreign; of other people
ala f. (but: el ala) wing
alambrado/a fenced (wire)
alambre m. wire
albañil m. mason
albergar (gu) to lodge
alcanzar (c) to attain, reach
aldea village
alegar (gu) to allege
alegre happy
alegría happiness
alerto/a alert
algo something
algodón m. cotton
algún, alguno/a some
aliado/a ally; allied
alianza alliance
alimentar to feed
alimento food
alineado/a aligned
aliviar to alleviate, reduce
alivio relief
alma m. soul
alrededor around
altar m. altar
alternativo alternative
altiplano high plateau
alto/a high, tall, deep
altura height
allá there
allí there

ama f. (but: el ama) mistress
amanecer (zc) to wake up; to dawn
amante m., f. lover
amar to love
amargo/a bitter
amarillo/a yellow
amasar to knead
ambición f. ambition
ambicionar to strive after
ambiente m. environment
ambigüedad f. ambiguity
ambivalente ambivalent
ambos/as both
amenaza threat
amenazante threatening
amenazar (c) to threaten
americano/a American
amigo/a friend
amo master
amor m. love
amortizar (c) to amortize
amplio/a ample, wide
analfabeto/a illiterate
anarquía anarchy
ancho/a broad, wide
anciano/a ancient; former
anclar to anchor
andaluz Andalusian
andante walking
andar irreg. to walk
ángel m. angel
angloamericano/a Angloamerican
anglosajón (anglosajona)
    Anglosaxon, "anglo"
ángulo angle
angustia worry, anguish
angustiado/a worried
anhelo longing, desire
anillo ring
animal m. animal
animar to animate
aniversario anniversary
anonimidad f. anonymity
anónimo/a anonymous
ansioso/a anxious, worried
antagonista m., f. antagonist
antaño adv. of yore
ante before, facing
antecesor(a) predecessor
antepasado/a ancestor
anterior previous
antes before
antigüedad f. antiquity, antique
antiguo/a n. very old person; adj.
    ancient; former
antorcha torch
anunciar to announce
añadir to add
año year
aparecer (zc) to appear

aparente apparent
aparición f. appearance
apariencia appearance, looks
aparte adv. apart, separated
apasionado/a passionate
apenas barely, scarcely
aplacar (qu) to placate
aplauso applause
aplicar (qu) to apply
apoderarse (de) to gain power of
apogeo height (of power)
aportar to contribute
aporte m. contribution
apóstol m. apostle
apoyar to support
apoyo support
apreciar to appreciate
aprender to learn
aprobación f. approval
aprobar (ue) to approve; to pass an
    exam
aprobatorio/a approving
apropiado/a proper
aprovechar to take advantage of
aproximado/a approximate
aproximarse to draw near,
    approach
apuntar to point
aquel, aquella adj. that
aquello that, that thing
aquí here
árabe n. m., f. Arab
arar to plow
araucano/a Araucanian (Indian)
árbitro arbiter, referee
árbol tree
arcabuz m. crossbow
arco arch; bow
archivo archive, file
arder to burn
ardiente burning
arduo/a arduous, difficult
área f. (but: el área) area
arena sand
argamasa mortar
árido/a arid, dry
aristocracia aristocracy
aristócrata m., f. aristocrat
arma f. (but: el arma) arm, weapon
armado/a armed
armar to arm
armario closet
arquitecto/a architect
arquitectónico/a arquitectural
arrancar (qu) to pull up; to take
    forcibly
arrastrar to drag
arreglar to fix, repair
arriba up
arribo arrival

arriesgado/a risky
arriesgar (gu) to risk
arrinconado/a cornered
arrogancia arrogance
arrojar to throw
arruinar to ruin
arte m., f. art
artesanía handicrafts
artesano/a craftsman
artillería artillery
artista m., f. artist
artístico/a artistic
asalariado/a salaried
asamblea assembly
ascendencia ancestry
ascender (ie) to ascend
ascendiente ascending
ascenso ascent
asegurar to ensure
asesinar to assassinate
así so, thus
asilo asylum
asimilar to assimilate
asistir to attend
asociación association
asombrar to astonish
asombro astonishment
asombroso/a astonishing
aspecto appearance
aspiración f. aspiration
astronomía astronomy
astrónomo/a astronomer
astucia astuteness
astuto/a astute
asumir to assume
asunto matter, business
asustar to frighten
atacar (qu) to attack
ataque m. attack
atar to tie, bind
ataviar to dress, adorn
atavístico/a atavistic
atención f. attention
atento attempt
aterrador(a) terrible, frightening
atmósfera atmosphere
atormentar to torment
atraer (irreg.) to attract
atrás behind
atreverse (a) to dare
atrincherar to entrench
atrocidad f. atrocity
atún m. tuna
audacia boldness
audaz bold, daring
auditorio audience; auditorium
augurio omen, sign
aumentar to increase, augment
aumento increase
aún still, yet

aunque even though, even if
aurífero/a gold-bearing
ausencia absence
austríaco/a Austrian
auténtico/a authentic
autoconocimiento self-knowledge
autodescubrimiento self-discovery
autodeterminación f. self-
  determination
autogobierno self-government
autonomía autonomous region
autónomo/a autonomous
autor(a) author
autoridad f. authority
autoritario/a authoritarian
autorizar (c) to authorize
avanzar (c) to advance
aventura adventure
ayer yesterday
aymará Andean Indian language
  and people
ayuda help, aid
azar m. chance; por azar by chance
azotar to beat
azote m. whip
azteca n. m., f. Aztec
azúcar m. sugar
azucarero/a adj. sugar (industry)

B
bahía bay
bailador(a) dancer
bailar to dance
baile m. dance
bajo prep. beneath
bálaka Arab. blessing
balance m. balance
balanza scale
balcón m. balcony
balsa raft
baluarte m. bulwark, bastion
bancario/a banking
banco bank
bandera flag
bandido/a bandit
bandolero/a highwayman, outlaw
barato/a cheap
barba beard; chin
barbado/a bearded
barbarie f. barbarism
bárbaro/a barbarian
barco boat
barrenado/a scuttled (boat)
barrera barrier
barriada suburb, quarter
barrio suburb, quarter
barro clay
barroco/a Baroque
basarse en to be based on
base f. base

básico/a basic
bastar to be enough
bastión m. bastion
batalla battle
batallón m. batallion
bautismo baptism
bautizar (c) to baptize
bayoneta bayonette
bebedor(a) drinker
beber to drink
bebida drink
belgo/a Belgian
beligerancia belligerance
belleza beauty
bello/a beautiful
bendición f. blessing
beneficio benefit
beneficioso/a beneficial
benévolo/a benevolent
berberí m., f. Berber
bestia beast
biblia Bible
biblioteca library
bibliotecario/a librarian
bien well; los bienes goods
bienvenido/a welcome
bífido/a forked, cleft
biografía biography
bisabuelo/a great-grandfather/
  great-grandmother
blanco/a white
blandir to brandish
boca mouth
bomba pump; bomb
bombardear to bomb
bombardeo bombing,
  bombardment
bombardero/a bomber
bonaerense m., f., adj. of Buenos
  Aires
bordar to embroider
borde border, margin
borrar to erase
bosque m. forest
botafumeiro censer (for incense)
botella bottle
botín m. booty
bravo/a brave, fierce
brazo arm
breve brief
brigada brigade
brillante brilliant
británico/a British
bronce bronze
bruto/a brute, stupid, coarse
brutal brutal
bucanero buccaneer
bueno/a good
burdel m. brothel
burlarse (de) to make fun of

burocracia bureaucracy
buscar (qu) to search; **en busca de** in search of
búsqueda search

C

cabal exact, right; perfect
cabalgata cavalcade
caballería chivalry; cavalry
caballero gentleman
caballo horse; **a caballo** on horseback
cabecilla *m.* chieftain, leader
caber *irreg.* to fit
cabeza head
cabo end; *geog.* cape
cacao cocoa
cacique *m.* chieftain, leader
cachorro/a pup; cub
cada each; **cada vez más** more and more
cadáver *m.* corpse, cadaver
cadena chain
caduco/a decrepit, senile
caer *irreg.* to fall
café *m.* coffee; café
caída fall
calendario calendar
cálido/a hot
caliente hot
caligrafía calligraphy
calor *m.* heat
calumniar to slander
calzado/a shod, wearing shoes
calle *f.* street
callejón *m.* alley, narrow street
cámara chamber, room; camera
cambiante changing
cambiar to change
cambio change; **a cambio de** at the rate of
caminar to walk
camino road, way
camisa shirt
campamento encampment
campana bell
campaña campaign
campesino/a peasant, farmer
campo field; **campo de batalla** *m.* battlefield
canción *f.* song
cangrejo/a crab
canjear to exchange
cañón *m.* cannon
cañonero/a cannoneer
cansado/a tired
cansancio weariness
cantante *m., f.* singer
cantar to sing
cante *m.* (folk)song

canto song
caña cane
caos *m.* chaos
caótico/a chaotic
capa layer; cape
capacidad *f.* capacity
capataz *m.* foreman
capaz capable
capilla chapel
capital *f.* capital (city)
capital *m.* capital (money)
capitalizar (c) to capitalize
capitán *m.* captain
capítulo chapter
capricho whim, caprice
capturar to capture
cara face
caracol *m.* snail
caracterizar (c) to characterize
¡carajo! (go to) hell!
caravana caravan
caravela small sailing ship
cárcel *f.* jail
carecer (zc) to lack
carga charge, load
cargado/a loaded
cargar (gu) to bear, carry
carnaval *m.* carnival
carne *f.* meat
carreta cart
carretera road
carroza coach, carriage
carruaje *m.* carriage
carta letter
cartaginense Carthaginian
cartografía map-making
cartón *m.* carton, cardboard
casa house
casado/a married
casarse to get married
casi almost
caso case
castellano Castillian (*language*)
castigar (gu) to punish
castillo castle
casto/a chaste, pure
castrar to castrate
catalizador *m.* catalyst
catarata cataract
catástrofe *f.* catastrophe, disaster
catedral *f.* cathedral
catolicismo Catholicism
católico/a Catholic
caudillo leader, chief
causa cause
causar to cause
cauteloso/a cautious
cazador(a) hunter
ceiba silk-cotton tree
celda cell

celebración *f.* celebration
celebrar to celebrate
celebratorio/a celebratory
celestial celestial
celoso/a jealous
celta *n. m., f.; adj.* Celt
cementerio cemetery
cena dinner
ceniza ash
censura censure; censorship
centenario/a hundred-year-old
centinela *m., f.* centinel
centralista *m., f.* centralist
centralizador(a) centralizing
centro center
centurión *m.* centurion
cerca near
cercano/a nearby
ceremonia ceremony
ceremonial ceremonial
cerrado/a closed
certeza certainty
certidumbre *f.* certainty
cesar to stop
cicatriz *f.* scar
ciego/a blind
cielo sky; heaven
ciencia science
científico/a scientist
cierto/a true, certain
cima summit
cimarrón *m.* runaway, fugitive
cimentar (ie) to lay foundations
cinco five
cincuenta fifty
cine *m.* movie theater
circundante surrounding
circundar to surround
cirio wax candle
cita date, appointment
citadino/a city dweller
ciudad *f.* city; **ciudad fortaleza** city-fortress
ciudadano/a citizen
ciudadela citadel, fortress
civil civil
civilización *f.* civilization
civilizador(a) civilizing
claro/a clear; sure
clase *f.* class
clásico/a classic
clasista *m., f.* classicist
clave *adj.* key, as important to
clemencia clemency
clerecía clergy
clero clergy(man)
coalición *f.* coalition
coca coca (leaves)
cocina kitchen; stove
codear to elbow, jostle

códice *m.* codex
codicioso/a greedy, covetous
código code
cofradía fraternity, guild
colegio secondary school
cólera cholera
colina hill
colmena beehive
colmenar *m.* apiary
colocar (qu) to locate, place
coloniaje *m.* colonization
colorado/a colored; red
colorido color, coloring
comandante *m., f.* commander
comenzar (ie) (c) to begin
comer to eat
comerciante *m., f.* merchant
comerciar to trade
cometa *m.* comet
cometer to commit
comida food
comitiva committee
como as
¿cómo? how
cómodo/a comfortable
compañía company
compararse to compare
compartir to share
compasivo/a compassionate
compatriota *m., f.* fellow-citizen
complaciente accommodating
complejo/a complex
comportarse to behave
comprender to understand
comprometer to commit; to
   compromise
comprometido/a engaged
compromiso compromise;
   engagement; commitment
común common
comunicado/a connected
con with
concebible conceivable
concebidor(a) (Fuentes) conceiver
concebir (i, i) to conceive
concernir (ie, i) to concern
consciente conscious
conciliar to reconcile
concluir (y) to conclude
concordia agreement
condenado/a condemned
condenar to condemn
condición *f.* condition
conducir (zc) to conduct; to drive
conexión *f.* connection
confesar (ie) to confess
confianza confidence
confundir to confuse
conjunto group
conmemorado/a commemorated

cono cone
conocer (zc) to know
conquista conquest
conquistar to conquer
consciente conscious
conseguir (i, i) (g) to obtain, get
consejero/a advisor
consejo advice
conservador(a) conservative
consigo with you/him/her/them
consistir to consist
consolación *f.* consolation
consolidar to consolidate
consorte *m. f.* spouse
constelación *f.* constellation
constituir (y) to constitute
construcción *f.* construction
construir (y) to construct
consuelo consolation
consumista *n. m., f.; adj.* consumer
consumo consumption
contar (ue) to count; to tell
contemplar to contemplate
contemporáneo/a contemporary
contendiente *m., f.* contender
contener (ie) (g) to contain
contenido *sing.* contents
contestar to answer
continente *m.* continent
continuar (ú) to continue
continuidad *f.* continuity
continuo/a continuous
contra *prep.* against
contribuir (y) to contribute
convencer (z) to convince
convención *f.* convention
converso/a converted
convertir (ie, i) to convert
copiar to copy
coraje *m.* courage; anger
corazón *m.* heart
cordillera mountain range
coreano/a Korean
corintiano/a Corinthian
corneado/a horned
cornear to gore
corneta cornet
corona crown
coronación *f.* coronation
corregir (i, i) (j) to correct
corresponder to correspond
corrida race
corrida de toros bullfight
corrido Mexican folk ballad
corriente current; cheap
corrupción *f.* corruption
corrupto/a corrupt
corsario/a pirate
corte *f.* court
cortesano/a courtier

cosa thing
costa coast; cost
costeño/a coastal
costilla rib
costumbre *f.* custom
creación *f.* creation
creador(a) creator
crear to create
crecer (zc) to grow
creciente growing
crecimiento growth
credenciales *f. pl.* credentials
crédito credit
credo creed
creencia belief
creer (y) to believe
crepuscular *adj.* twilight
crepúsculo *n.* twilight
criado/a *n.* servant; *adj.* raised
criatura creature; infant
criollo/a creole (Spaniard born in
   New World)
crisis *f.* crisis
crisol *m.* melting pot, crucible
cristal *m.* crystal (glass)
cristiandad *f.* Christianity
cristianismo Christianity
cristianizado/a christianized
cristiano/a Christian
criterio criterion
crítica criticism
criticar (qu) to criticize
crítico/a critical
cronista *n. m., f.* chronicler
cruce *m.* intersection, crossroad
crucificar (qu) to crucify
cruz *f.* cross
cruzar (c) to cross
cuadro painting; square
¿cuál? which?
cualidad quality
cualquier(a) any
¿cuándo? when?
¿cuánto? how much?
cuarenta forty
cuarto room; fourth
cuatro four
cuatrocientos four hundred
cubano/a Cuban
cubierto/a covered
cubista *n. m., f.; adj.* cubist
cubrir to cover
cuchara spoon
cuenta bill
cuento story
cuerda rope, cord
cuerpo body
cuestión *f.* matter, question (of)
cuestionamiento (Fuentes)
   questioning

cuestionante *adj.* questioning
cuestionante *n.* (Fuentes) questioner
cueva cave
cuidado care
cuidar to take care of
culminar to culminate
culpa fault, blame
culpar to blame
cultivo cultivation
culto worship
cultura culture
cumbre *f.* peak, summit
cumplir to fulfill
cuota quota
curiosidad *f.* curiosity
cúspide *f.* peak, summit

CH
chamuscar (qu) to singe, scorch
charro Mexican cowboy
chileno/a Chilean
chino/a Chinese
chivo/a goat
chopo poplar
choque *m.* wreck

D
dama lady
danzante *m.* dancer
dañar to damage, harm
daño harm, hurt, injury
dar *irreg.* to give; dar a luz to give birth; dar la espalda to turn one's back; dar la vuelta to make a turn; dar cita to arrange to meet; darse cuenta (de) to realize
datos *m. pl.* data, information
de (*pl.* des) the letter "d"
de of
debatir to debate
deber must, should; to owe
debido a due to
débil weak
debilitar to weaken
decena group of ten
decir *irreg.* to say, tell
dedo finger
defender (ie) to defend
defensor(a) defender
definirse to be defined
deidad *f.* deity
dejar to leave; allow
dejarse to allow oneself (to)
delicia delight
demagogo demagogue
demandar to sue; to demand
demás: los/las demás the rest
demasiado *adv.* too much
demonio devil

demostrar (ue) to demonstrate
dentro de inside, within; por dentro within, inside
denunciar to denounce
dependencia dependency
deponer *irreg.* to depose
depositar to deposit
derecho/a *adj.* right
derecho *adv.* straight (ahead)
derecho *n.* law
derivar to derive
derramar to shed, spill
derretirse (i, i) to melt
derrocar (qu) to overthrow
derrochar to squander, waste
derrota defeat, rout
derrotar to defeat, overthrow
derrumbar to throw or knock down
derrumbarse to crash down
desafiar (í) to challenge
desafío challenge
desamparado/a defenseless, abandoned
desaparecido/a disappeared
desarrollar to develop
desarrollo development
desastre *m.* disaster
desastroso/a disastrous
desatar to unleash
descansar to rest
descanso rest
descendiente *m., f.* descendant
descubrimiento discovery
descubrir to discover
desde since
desdén *m.* disdain
desdeñoso/a disdainful
desdicha misfortune
desdichado/a unhappy
desear to desire
desembarcar (qu) to desembark
desempeñar to carry out
desempleo unemployment
desenmascarar to unmask
desenterrar (ie) to unearth
desenvolver (ue) to unwrap, unwind
deseo desire
desesperadamente desperately
desesperanza despair
desfile *m.* parade
desgracia disgrace, misfortune
desigualdad *f.* inequality
desmontar to dismount
desnudo/a naked
despedazado/a smashed, shattered
despertarse (ie) to wake up
despiadado/a merciless
desplazar (c) to displace

desplegarse (ie) (gu) to unfold
despliegue *m.* fold
despojar to strip, despoil
desposeído/a dispossessed
despreciar to deprecate, scorn
después (de) after
destacarse (qu) to stand out
desterrar (ie) to exile
destino fate, destiny
destreza skill
destruir (y) to destroy
detener *irreg.* to arrest, detain
detenerse *irreg.* to stop
detrás de behind
deuda *f.* debt
día *m.* day
diario *n.* (daily) newspaper; *adj.,* *adv.* daily
dictadura dictatorship
dicho saying
dichoso/a happy
diecinueve nineteen
dieciochesco/a eighteenth
dieciséis sixteen
diez ten
diezmar to decimate; to pay tithe
diezmo tithe
digno/a worthy
diluvio deluge, flood
dinero money
dios(a) god (goddess)
dirigente directing, leading
dirigir (j) to direct
discernir (ie, i) to discern
disco record; disk
discurso speech; discourse
discutir to discuss; to argue
diseñar to design
diseño design
disfrazar (c) to disguise
disminuido/a diminished
disoluto/a dissolute
disparar to fire (a shot)
dispuesto/a disposed, willing
divertido/a fun
divertirse (ie, i) to have fun
divisar to make out, distinguish
doblar to fold; to double
doce twelve
dólar *m.* dollar
doler (ue) to ache, hurt
dolor *m.* pain
domar to tame, domesticate
domesticar (qu) to domesticate, tame
don (doña) *title of respect before male (female) first name*
doncella girl
¿dónde? where?
dorado/a golden

dormir (ue, u) to sleep
dosis *f.* dose
dotado/a gifted
dramaturgo/a playwright
duda doubt
dudar to doubt
dueño/a owner
dulce sweet
duradero/a lasting
durante during
durar to last
duro/a hard, difficult

E
ecuación *f.* equation
echar to throw (out)
edad *f.* age
edificio building
ejecutar to execute, carry out
ejercer (z) to exercise
ejercicio exercise
ejército army
él he
electrizar (c) to electrify
elegir (i, i) to elect, choose
elenco catalogue, list
elogio eulogy, praise
ella she
ello it, that
embajada embassy
embajador(a) ambassador
embargante embarking
embargo: sin embargo
   nevertheless
embelesar to delight, enchant
embestir (i, i) to attack, charge
emborracharse to get drunk
emboscada ambush
empalar to impale
empalizar (c) to stockade
empañar to cloud, steam up
empeñar to pledge, dedicate;
   empeñarse en + *inf.* to take pains
   to
emperador (emperatriz) emperor
   (empress)
empezar (ie) (c) to begin
empleado/a employee
empleador(a) employer
empleo job, employment
emplumado/a feathered
emprender to undertake
empresa company, enterprise
empresario/a businessman/woman
empujar to push
en in, into; on
enamorarse to fall in love
enano/a dwarf
encabezar (c) to head
encadenar to link, chain together

encaminar to head toward
encarcelar to imprison
encargarse de (gu) to take charge of
encerrar (ie) to shut up, enclose
encima (de) on top (of)
enclaustrar to cloister, shut up
encomienda colonial estate
encontrar (ue) to find, encounter
encuentro *m.* encounter, meeting
endeudado/a indebted
enemigo/a enemy
enérgico/a energetic
enero January
énfasis *m.* emphasis
enfermedad *f.* illness
enfocar (qu) to focus
enfrentarse a to face, confront
engañar to deceive
engaño deceit
engañoso/a deceitful
enigmático/a enigmatic
enloquecer (zc) to drive crazy
enmascarar to mask
enriquecer (zc) to enrich
ensamblado/a assembled
ensanchar to broaden, enlarge
ensayar to try, practice, rehearse
ensayo essay
enseguida at once, right away
enseñar to teach
ensombrecido/a darkened
entender (ie) to understand
entendido/a understood
enterarse de to become aware of,
   find out about
enterrar (ie) to bury
entonces then
entrada entrance, entry
entrambos both
entraña entrails; feeling
entre between
entrecruzar (c) to intertwine
entregar (gu) to turn in, hand over
entrelazar (c) to interlace
entrevistar to interview
entrometido/a meddlesome,
   interfering
envenenar to poison
enviar (í) to send
envidia envy
envuelto/a wrapped
épica epic poetry
epopeya epic (*literary genre*)
equidad *f.* equity, fairness
equilibrio equilibrium, balance
equipaje *m.* baggage, luggage
equivalencia equivalency
erigir to erect, raise
escalera ladder, stairs
escalón *m.* step

escaso/a scarce
escenario stage; setting
esclavitud *f.* slavery
esclavo/a slave
escoger (j) to choose, select
esconder to hide
escribir to write
escritor(a) writer
escritura writing
escuchar to listen
escudo shield
escuela school
escultor(a) sculptor
escultura sculpture
escupir to spit
ese/a that
eso that, that thing
espacio space
espada sword
espalda back; **darle a uno la
   espalda** to turn one's back on
   someone
especialidad *f.* specialty
especialmente especially
especie *f.* species; kind
espectro/a spectre, ghost
espejo mirror
esperanza hope
esperar to hope; wait for
espía *m., f.* spy
espíritu *m.* spirit
esponjoso/a spongy
esposo/a husband/wife
esqueleto skeleton
esquina corner
establecer (zc) to establish
estadista *m., f.* statesman;
   statistician
estado nación *n.* nation-state
estallar to explode; to break out
   (war)
estancia stay
estandarte *m.* standard, banner
estaño tin
estar *irreg.* to be
estatua statue
estatuilla figurine
estatuto statute
este/a this
estilo style
estival, estivo *adj.* summer
esto this, this thing
estrecho *n.* strait
estrella star
estrepitoso/a noisy
estuka *m.* stuka (Nazi war plane)
etapa stage, phase
eternidad *f.* eternity
eterno/a eternal
ético/a ethical

étnico/a ethnic
eufemismo euphemism
euforia euphoria
evadir to evade
evitar to avoid
exaltante exalting, elating
excitante stimulating
excitar to arouse, excite
excluir (y) to exclude
exigencia (pressing) demand
exigir (j) to demand
éxito success
explotar to exploit
exponer *irreg.* to expose
expulsar to expel
extender (ie) to extend
extranjero/a foreigner

F
fábrica factory
fabricar (qu) to manufacture
fabuloso/a fabulous
fácil easy
fachada façade
falda skirt
falta lack
falla defect, fault
fallar to fail, miss
fallido/a vain, frustrated
familiar *n. m., f.* relative; *adj.*
  family
fanfarrón (fanfarrona) braggart
fantasma *m.* ghost
fase *f.* phase
favorecer (zc) to favor
fe *f.* faith
fecha date
feliz happy
fenicio/a Phoenician
fenómeno phenomenon
feroz ferocious, fierce
ferrocarril *m.* railroad
fiebre *f.* fever
fiel faithful
fiera beast
fiesta party
figuración *f.* imagination
fijar to fix, notice
fin *m.* end; a fines de at the end of
financiero/a *adj.* financial
firmar to sign
firmemente firmly
flamenco/a flamenco; Flemish
flor *f.* flower
florecer (zc) to flourish, flower
floreciente flourishing
florido/a flowery
flota, flotilla fleet
flotante floating
fluir (y) to flow

flujo flow, flux
fogoso/a fiery, spirited
follón (follona) lazy, cowardly
fondo bottom
formular to formulate
fortalecerse (zc) to fortify,
  strengthen oneself
fortaleza fortress, fort
fracasar to fail
fracaso failure
fraile *m.* friar
francés *m* French (*language*);
  francés (francesa) *adj.* French
frenesí *m.* frenzy
frente *f.* forehead; front; frente a
  facing
frío/a *adj.* cold
frío *n.* cold
frontera border
fronterizo/a *adj.* frontier
fuego fire
fuente *f.* source; fountain
fuera outside; por fuera outside
fuero law; court of law
fuerte strong
fuerza force; strength
fumar to smoke
funcionario/a bureaucrat
fundar to found
fundir to cast, smelt
fusilamiento shooting
fusilar to shoot

G
galantería gallantry
galardón *m.* reward, prize
galope *m.* gallop
ganadero/a pertaining to cattle
ganar to earn; to gain; to win
gárgola gargoyle
garrote *m.* club; garrotte
gaucho Argentine cowboy
gemelo/a twin
género gender, kind
genésico/a genetic
genio temperament; genius
gente *f.* people
germánico/a Germanic
gestar to create
gigante/a *n.* giant
gitano/a *n. m., f.; adj.* gypsy
gobernante *n. m., f.* ruler, governor;
  adj. ruling, governing
gobernar (ie) to govern
gobierno government
godo/a Gothic
golfo gulf
golpe *m.* blow, strike, hit; golpe de
  estado coup d'état
gorra cap

gótico/a Gothic
goyesco/a Goyesque
gozar (c) to enjoy
grabado engraving
gracia grace; wit
gracias thank you
grado degree
grafito graphite
granadero granary
grande large; famous
grandeza grandeur
granja farm
gravedad *f.* gravity
griego/a Greek
gringo/a U.S. citizen
gritar to shout, scream
grito cry
grupo group
guapo/a handsome
guardar to keep, guard
guardia guard
guarnición *f.* garrison; adornment
gubernamental governmental
guerra war
guerrero/a warrior
guerrillero guerrilla fighter
guía *m., f.* guide (*person*); *f.* guide,
  index
guiar (í) to guide
guionista *m., f.* screenwriter
gustar to be pleasing; gústele o no
  like it or not
gusto pleasure; taste

H
haber *irreg.* to have (*aux. verb*)
hábil skillful, clever
habilidad *f.* ability
habitado/a inhabited
habitante *m. f.* inhabitant
habitar to inhabit
habla (*but:* el habla) language
hablar to speak
hacer *irreg.* to do; to make; hacer
  trampas to cheat, trick; hacerle
  caso a to mind, pay attention to
hacia toward
hacienda ranch
hallar to find
hambre *f.* (*but:* el hambre) hunger
hasta (up) to, until
hebreo/a Hebrew
hechizar (c) to enchant, bewitch
hechizo enchantment
hecho deed, fact
hedor *m.* stench
helar (ie) to freeze
herbolario herbalist's shop;
  herbalist
heredar to inherit

heredero/a inheritor, heir
hereje *m f..* heretic
herejía heresy
herencia inheritance
herir (ie, i) to wound
hermandad *f.* brotherhood
hermano/a brother/sister
hermoso/a beautiful
híbrido/a hybrid
hidalgo/a nobleman/woman
hidalguía nobility
hielo ice
hijo/a son/daughter
hipocresía hypocrisy
hispanidad *f.* Hispanic world
hispanoamericano/a Spanish
  American
hispanoparlante Spanish-speaking
hogar *m.* home; hearth
hoja leaf
holandés *m.* Dutch (*language*)
holandés (holandesa) *n.*
  Dutchman/woman; *adj.* Dutch
holgar (ue) (gu) to rest, be idle
hombre *m.* man
hondo/a deep, profound
honra honor
honrado/a honored
honrar to honor
hora hour
huelga strike
huérfano/a orphan
hueso bone
huir (y) to flee
humeante smoking
humilde humble, poor
humillado/a humbled
humo smoke
hundir to sink

I
ibérico/a Iberian
ibero/a Iberian
iglesia church
igual equal
igualdad *f.* equality
igualmente equally
ilegal illegal
iletrado/a illiterate
ilimitado/a limitless, unlimited
imágen *f.* image
imán *m.* magnet
impedir (i, i) to prevent, impede
imperecedero/a imperishable
imperio empire
ímpetu *m.* impetus, energy
imponer *irreg.* to impose
imprenta printing; print shop
imprevisible unforeseeable
imprevisto/a unforeseen

impuesto tax
impulsar to impel, drive forward
inacabable interminable
inacabado/a unfinished
inagotable inexhaustible
inaugurar to inaugurate
incansable untiring
incapaz incapable
inca *m., f.* Inca
incaico/a Incan
incásico/a Incan
incendiado/a set on fire
incertidumbre *f.* uncertainty
incierto/a uncertain
incluir (y) to include
incluso *adv.* including
incomunicación *f.* cut off from
  communication
indígena *n. m., f.* native; *adj.*
  indigenous
indocumentado/a undocumented,
  no I.D.
indudable undoubted
infante/a prince/princess
infantes de marina marines
infiel *n. m. f.* infidel, nonbeliever;
  adj. unfaithful
influir (y) to influence
inframundo underworld
ingenio ingenuity, genius
ingenuo/a naive, ingenuous
inglés *m.* English (*language*)
inglés (inglesa) *n.*
  Englishman/woman; *adj.* English
ingresar to come in; to deposit; to
  pay
iniciar to initiate, begin
inmóvil immobile
inmundicia filth, squalor
inquietante disquieting, disturbing
inquietud *f.* restlessness
inquirir (ie) to inquire, investigate
inscripción *f.* enrollment,
  registration
inseguro/a unsure; unsafe
insigne famous, renowned
insoluble unsolvable
insoportable unbearable
instruir (y) to instruct
intemperie *f.* foul weather, the
  elements
intemporal unseasonable
intentar to try, attempt
interés *m.* interest
intérprete *m., f.* interpreter
intervenir *irreg.* to intervene
inundar to flood
invasor(a) invader
invencible unconquerable
inversión *f.* investment

invertir (ie, i) to invert; invest
inyección *f.* injection
ir *irreg.* to go
isla island
Islam *m.* Islam
islámico/a Islamic
istmo isthmus
izquierda: a la izquierda to the left

J
jamás ever; never
japonés *m.* Japanese (*language*)
japonés (japonesa) *n.* Japanese
  man/woman; *adj.* Japanese
jardín *m.* garden
jaula cage
jefe/a boss; chef; chief
jerárquico/a hierarchic(al)
jitomate *m.* tomato
jondo/a *Andalusian for "hondo"*
jornada working day
joven *n. m., f.;* youth, young
  person; *adj.* young
joya jewel
judío/a *n.* Jew; *adj.* Jewish
juego game
jueves *m.* Thursday
jugar (ue) (gu) to play
juguetón (juguetona) playful
julio July
junio June
junto a next to
juntos/as together; adjoining
jurado jury; juror; judge
jurar to swear
jurídico/a legal, juridical
jurisdicción *f.* jurisdiction
justo/a just, fair
juventud *f.* youth

L
laberinto labyrinth
labriego/a farmer
lácteo/a *adj.* milk, milky
lado side
lago lake
lágrima tear
laguna lake
laico/a lay (of the laity)
lámpara lamp
lana wool
lanza lance
lanzar (c) to throw, launch
largo/a long
largo: a lo largo de throughout
latinoamericano/a Latin American
latir to beat
lazo knot, loop; bond
lealtad *f.* loyalty
lección *f.* lesson

lector(a) reader
lectura reading (selection)
lecho cot, bed
lechuza owl
leer (y) to read
lejos far
lema *m.* motto, slogan
lengua tongue; language
lenguaje *m.* language
lento/a slow
león (leona) lion/lioness
lepra leprosy
letra letter (*of alphabet*)
letrado/a literate
levantar to raise
levantarse to get up
ley *f.* law
leyenda legend
libre free
libro book
líder *m., f.* leader
liga league
ligero/a light
límite *m.* limit
limpio/a clean
línea line
linterna lantern, flashlight
listo/a ready; clever
litera litter, bunk
loco/a crazy
locura madness
lograr to achieve, carry out
lúcido/a lucid
lucha struggle; battle
luchar to fight, struggle
lúdico/a playful, game-like
luego then, next
lugar *m.* place; **tener lugar** to take place
lujo luxury
lujoso/a luxurious
luna moon
luz *f.* light

LL

llama flame
llamar to call
llamarse to be named
llamativo/a flashy
llanura plain
llave *f.* key
llegada arrival
llegar (gu) to arrive
llenar to fill
llevar to take; to carry, bear; **llevar a cabo** to accomplish
llorar to cry
llover (ue) to rain
lluvia rain

M

macho/a masculine
madona Madonna
madre *f.* mother
madrileño/a of Madrid
madrugada dawn, early morning
mago/a magician
maíz *m.* corn
maja elegant young woman
majadero/a fool
majestuoso/a majestic
mal *adv.* bad(ly); ill
malandrín (maladrina) scoundrel
males *m. pl.* evils, ills
malo/a bad
mancha spot
manchar to spot, stain
mandar to order; send; **mandar construir** to order built
manera manner, way; **de manera que** so that
manifestarse to manifest
manifiesto manifest
maniobra maneuver
manipular to manipulate
mano *f.* hand; **mano de obra** manual labor
mantener *irreg.* to maintain
manufacturar to manufacture
manzana *f.* apple
mañana tomorrow
mapa *m.* map
maquiavélico/a Machiavellian
mar *m., f.* (*poetic*) sea
maravilla marvel
maravilloso/a marvellous
marcha departure; march
marchar to march
marcharse to leave
marea tide
mareo seasickness, dizziness
márgen *m.* margin
márgen *f.* bank (of a river)
marido husband
marinero sailor
marioneta *m., f.* marionette, puppet
marítimo/a maritime
mármol *m.* marble
martes *m.* Tuesday
marzo March
más more
masa mass; dough
máscara mask
matadero slaughterhouse
matador *m.* bullfighter
matar to kill
materno/a maternal
matrimonio marriage; married couple

maya *m., f.* Mayan
mayo May
mayor greater, older, major
mayoría majority
mediados *m. pl.* the middle
mediante by means of, through
medias *f. pl.* (women's) stockings
médico/a doctor
medida means, measure
medio/a half
medio means; medium
medios *m. pl.* media
mejor better
mejorar to improve
melancólico/a melancholic
mendigo/a beggar
menor lesser, younger, minor
menos less
mensaje *m.* message
mensajero/a messenger
mente *f.* mind
mentir (ie, i) to lie
menudo: a menudo often, frequently
mercader *m.* merchant
mercado market
mercancía merchandise
merced *f.* mercy
mescolanza mixture, hodge-podge
mesero/a waiter
meseta plateau
mesoamericano/a Meso-American
mestizaje *m.* mixture of ancestry
mestizo/a of mixed ancestry
metafísico/a metaphysical
metamorfosis *f.* metamorphosis
meta goal
meticuloso/a meticulous
metro subway
mezcla mix, mixture
mezclar to mix
mezquita mosque
mí me
mi my
miedo fear
miembro *m., f.* member
mientras while, during
migratorio/a migratory
mil thousand
milagro miracle
milenio millenium
milicia military; troops
militar to militate
milla mile
millares thousands
millón (de) *m.* million
mina mine
minarete *m.* minaret
minería mining
minero/a miner

ministro/a minister
minoría minority
minuto minute
mío/a (of) mine
mirar to look at
misa Catholic Mass
miseria misery
misionero/a missionary
mismo/a same; self; very
misterio mystery
místico/a mystic(al)
mitad f. half
mítico/a mythic(al)
mito myth
mitología mythology
modernidad f. modernity
modernizante modernizing
moda fashion
modo means, manner; de modo
  que so that
molino mill, windmill
monarca m., f. monarch
monarquía monarchy
monasterio monastery
monástico/a monastic
moneda coin; currency
monje/a monk/nun
monjil nun-like; prudish
mono/a monkey
montaña mountain
montar to ride; mount
monte m. mountain
moralista m., f. moralist
moreno/a dark (hair, skin)
moribundo/a dying
morir (ue, u) to die
moro/a Moor
mostrar (ue) to show
mover (ue) to move
muerte f. death
muerto/a dead
mujer f. woman
mula mule
mundial worldly
mundo world
murmullo murmur
muro wall
muslo thigh
musulmán (musulmana) n. m., f.;
  adj. Moslem
mutuo mutual

N

nacer (zc) to be born
nacimiento birth
nada nothing
nadie nobody, no one
napoleónico/a Napoleonic
narcisismo narcissism
nativo/a native

naturaleza nature
naufragio shipwreck
nave f. ship
navegar (gu) to sail
Navidad f. Christmas
navío ship, vessel
necesario/a necessary
necesidad f. necessity, need
necesitar to need
necio/a foolish, stubborn
necrópolis f. necropolis
negación f. denial
negar (ie) (gu) to deny; negarse (ie)
  (gu) a to refuse to
negociación f. negotiation
negocio business
negro/a black
neoclásico/a neoclassic(al)
nervioso/a nervous
ni... ni neither . . . nor; ni siquiera
  not even
nicaragüense n. m., f.; adj.
  Nicaraguan
niebla fog
ninguno/a not any, not one
nivel m. level
niño/a boy/girl
noble noble
nocturno/a nocturnal
noche f. night
nómada m., f. nomad
nombrar to name
nombre m. name
nopal m. cactus (prickly pear)
norafricano/a North African
norte m. north
norteamericano/a North American
norteño/a northern(er)
nosotros/as we
noticia notice, news
noticiero news
noticiero/a journalist
novedad f. novelty
novela novel
noventa ninety
noviembre m. november
núcleo nucleus
nuestro/a our
nuevas f. pl. the news
nueve nine
nuevo/a new
numérico/a numeric(al)
número number
nunca never

O

o or; o... o either . . . or
obedecer (zc) to obey
obispo bishop
obra work

obrar to work
obrero/a worker
obsequio gift; an honor
obstante: no obstante nevertheless,
  however
obtener irreg. to obtain
ocasión f. occasion
occidental occidental, western
occidente m. occident, West
océano ocean
ocio leisure, free time
octubre m. October
ocultar to conceal, hide
ocupar to busy, occupy
ocurrir to happen, occur
oeste m. west
oficina office
oficio duty, office
ofrecer (zc) to offer
ofrenda offering
oído hearing; inner ear
oír irreg. to hear
ojo eye
ola wave (ocean)
oler irreg. to smell
olmeca n. m., f.; adj. Olmec
olor m. smell, odor
olvidar to forget
olvido forgetfulness
ombligo navel
once eleven
ondulación f. ondulation
ondulante waving
ópera m. opera
oponerse irreg. to oppose
opuesto/a opposite
orador(a) orator, speaker
orden m. (numeric) order
orden f. order, command; religious
  order; a sus órdenes at your
  service
orgullo pride
oriente m. east
origen m. origin
orilla shore, bank
oro gold
oscuridad m. darkness; obscurity
oscuro/a dark; obscure
ostentar to show off
ostentoso/a showy
otro/a other; another
otrora formerly

P

padre m. father
pagano/a pagan
pagar (gu) to pay
país m. country
paisaje m. landscape, countryside
pájaro/a bird

paladar *m.* palate
palio canopy
pálpito palpitation
pampa prairie (*Argentina*)
pan *m.* bread
panadero/a baker
pantalla screen
pantalón *m.* pants
panteón *m.* cemetery
papa *m.* pope
papa potato
papá *m.* father
papel *m.* paper; role
para for; toward
paradoja paradox
paraíso paradise
parecer (zc) to seem
pareja pair, couple
parque *m.* park
parra grapevine
parroquia parish
parte *f.* part
partido party; game, match
partir to divide; to leave
pasado/a past, last
pasado *n.* past
pasaje *m.* passage
pasar to happen; to pass
pasión *f.* passion; suffering
paso (mountain) pass; step
pastor(a) shepherd(ess)
pata foot (*of animal*)
patata potato
patricio/a patrician
patriota *m., f.* patriot
patrulla patrol
paulatino/a slow, gradual
payador(a) minstrel
paz *m., f.* peace
pecado sin
pedazo piece
pedir (i, i) to ask, request
pegar (gu) to hit; to glue; **pegarle gritos a** to shout at
película film, movie
peligro danger
peligroso/a dangerous
pena trouble, problem
penetrar to penetrate
península peninsula
penitencia penitence
pensamiento thought
pensar (ie) to think
peor worse
pequeño/a small
perder (ie) to lose
perdurable durable, lasting
perecer (zc) to perish, die
peregrinación *f.* pilgrimage
peregrino/a pilgrim

perfil *m.* profile, side view
periódico newspaper
periodismo journalism
periodista *m., f.* journalist
permanecer (zc) to remain, stay
pero but
peronismo Peronism
perplejo/a perplexed
perro/a dog
perseguir (i, i) (g) to persue; persecute
personaje *m.* character, personage
personal *m.* personnel
pertenecer (zc) to belong, pertain to
pertinaz persistent
peruano/a Peruvian
pervivir survive
pesadilla nightmare
pesado/a heavy
pesar to weigh
peso weight; *Mex. currency*
petróleo petroleum, crude oil
petrolero/a relating to petroleum
piadoso/a pious; compassionate
pico (mountain) peak
pie *m.* foot; **en pie de igualdad** on an equal footing
piedra rock, stone
piel *f.* skin
pierna leg
pieza piece
pintar to paint
pintiparar to compare; to make alike
pintor(a) painter
pintura painting
pío/a pious, devout
pirámide *f.* pyramid
piso floor
pisotear to step on, trample
pista track, trail
placer *m.* pleasure
planeta *m.* planet
plantear to expound; create
plata silver
platicar (qu) to chat
plaza de toros *f.* bullring
pleito argument, dispute
pleno/a full, complete
pluma pen; feather
población *f.* population; town
poblado settlement, town
poblador(a) settler
poblar (ue) to settle, populate
pobre poor; pitiable
pobretón (pobretona) pitiful (one)
pobreza poverty
poco/a few; **un poco** a little
poder (ue) can; to be able
poderío power

poderoso/a powerful
poema *m.* poem
poesía poetry
poeta *m., f.* poet
policultural multicultural
polvo dust
pólvora gunpowder
pomodoro tomato
ponderar to ponder, weigh
poner *irreg.* to put; **ponerse** *irreg.* to set (sun)
popularizar (c) to popularize
por because of; for; per
por qué why
porque because
portador(a) bearer
portar to bear, carry
porteño/a (of a) port
pórtico portal; porch
portugués *m.* Portuguese (*language*)
portugués (portuguesa) *n., m., f.* Portuguese man/woman; *adj.* Portuguese
posar to pose
poseer to possess
potencia power; potency
potro/a colt
pradera prairie, meadow
pragmático/a pragmatic, practical
precio price
precioso/a precious; costly
precolombino/a pre-Columbian
preferir (ie, i) to prefer
pregunta question
preguntar to ask
prejuicio prejudice
premonición *f.* premonition
prensa press
preocupación *f.* worry
preparar to prepare
presagio omen, portent
prevalecer (zc) to prevail
prevenir *irreg.* to prevent; anticipate
prever to foresee
previsión *f.* forecast; precaution
previsto/a foreseen
prieto/a dark (skinned), black
primavera spring
primero/a first
primogénito/a firstborn
primor *m.* delicacy; beautiful thing
princesa princess
principal principal, most important
príncipe *m.* prince
principio beginning; principle
privar to deprive
probar (ue) to test, try; to taste
problema *m.* problem
proceso process; trial

proclamar to proclaim
pródigo/a lavish, prodigal
producir *irreg.* to produce
profecía prophesy
profeta *m.* prophet
profetizar (c) to prophesy
profundidad *f.* depth, profundity
profundo/a deep, profound
programa *m.* program
progresista *n. m., f.; adj.* progressive
promesa promise
prometer to promise
pronto soon
propagar (gu) to propagate
propiciar *L.A.* to favor
propiciatorio/a propiciatory
propicio/a propitious
propiedad *f.* property
propietario/a proprietary
propio/a own
proponer *irreg.* to propose
proporcionar to proportion
propósito purpose; **a propósito** by the way; on purpose
propuesta proposal
propulsión *f.* propulsion
prosperidad *f.* prosperity
próspero/a prosperous
protagonista *m., f.* protagonist, character
protección *m.* protection
proteger (j) to protect
protesta *m.* protest
prototipo prototype
proveniente arising, originating
provenir *irreg.* to originate
provenzal Provençal
provincia province
provinciano/a provincial
provisión *f.* provision, supply
provocar (qu) to provoke
próximo/a next
proyectar to project
proyecto project
prudente prudent, wise
prueba trial, test
público/a public
pudridero rubbish heap
pudrir (podrir) to rot
pueblo people; village
puerto port
puertorriqueño/a Puerto Rican
pues well; then
púlpito pulpit
punta point, tip
punto point, period; **punto de vista** *m.* point of view
puntualidad *f.* punctuality
puramente purely, simply
pureza purity

purificación *f.* purification
purificar (qu) to purify
puritano/a Puritan
puro/a pure; sheer, simple

Q

¿qué? what?
que that, who, which
quechua *n. m., f.; adj.* Quechua (Andean)
quedarse to stay, remain
queja complaint
quejarse to complain
quemar to burn
quemarropa: a quemarropa point-blank
querer *irreg.* to want; love
querido/a dear
¿quién? who?
quietud *f.* quiet, quietness
quilla keel (*of a ship*)
quinientos five hundred
quinto/a fifth
quizá, quizás maybe, perhaps

R

racionar to ration
raíz *f.* root
ranchero/a rancher
rapidez *f.* rapidity
rápido/a rapid
raro/a rare
rasgo trait, feature; trace
rato moment, a while
raza race
razón *f.* reason
razonable reasonable
reaccionar to react
real royal; real
realizar (c) to accomplish
rebasar to exceed, surpass
rebelarse to rebel
rebelde *m., f.* rebel
rebeldía rebelliousness
recámara bedroom, chamber
recibir to receive
recién *adj.* recently
reclamar to reclaim
recoger (j) to pick up
recompensar to reward
reconocible recognizable
reconocimiento recognition
reconquista reconquest
reconstruir (y) to reconstruct
recordar (ue) to remember
recorrer to travel through; cover
recorrido journey
recreo recreation
recuerdo memory
recurso resource

rechazar (c) to reject, refuse
red *f.* net; network
redención *f.* redemption
redentor(a) redeemer
redimir to redeem
redondo/a round
reducir (zc) to reduce
reflejar to reflect
reflejo reflection
reforzar (ue) (c) to reinforce
refugiarse to take refuge
refugio shelter, refuge
regalo gift
régimen *m.* regime, diet
regresar to return
rehusar to refuse
reina queen
reinar to reign
reinado reign, rule
reino kingdom
reír(se) (i) (de) to laugh (at)
relámpago lightning (bolt)
religar (gu) to reunite
reloj *m.* clock; watch
remedio remedy, cure
rememorar to commemorate
remontar a to date back to
renacentista *invar. adj.* (of the) Renaissance
renacer (zc) to be reborn
rendirse (i, i) to yield; surrender
renovar(se) (ue) to renew
renunciar to renounce
repartir to distribute, share
repetir (i, i) to repeat
réplica reproduction, replica
replicar (qu) to replicate, duplicate
representante *n. m., f.; adj.* representative
reprimir to repress
requerido/a required
rescatar to rescue, ransom
resolver (ue) to resolve
respaldo backing
respuesta answer
restaurar to restore
restorán, restaurante, *m.* restaurant
restos *m. pl.* (mortal) remains
resucitar resuscitate
resultado result
retener *irreg.* to retain
retirar to retire, withdraw
retratar to portray
retrato portrait
reunión *f.* meeting; reunion
reunir to reunite; **reunirse** to meet
revelar to reveal; to develop (*film*)
revuelto/a mixed, scrambled
rey *m.* king
rezar (c) to pray

rico/a rich
riesgo risk
rincón m. corner
río river
rioplatense of the River Plate
   (*Argentina*)
riqueza riches, richness
risco cliff
ritmo rhythm
roca rock
rociar (í) to sprinkle
rodear to surround
rojo/a red
romper to break
ropaje m. clothing
rostro face
rueda wheel
ruidoso/a noisy
rumbo (a) toward
rumor m. rumor; noise
ruta route

S

sábado Saturday
saber *irreg.* to know
sabiduría wisdom
sabio/a wise
sable m. sabre
sabor m. flavor
saborear to taste
saboteador(a) saboteur
sacar (qu) to take out
sacerdocio priesthood
sacerdote (sacerdotisa)
   priest/priestess
saco looting, sacking
sacralidad f. (Fuentes) sacredness
sagrado/a sacred
sal f. salt
sala living room; large room
salir *irreg.* to leave, go out
salón m. salon
salvación f. salvation
salvaje savage
salvarse to be saved
salvo *prep.* except
salvo/a *adj.* safe, saved
sangrar to bleed
sangre f. blood
sangriento/a bloody
sanguinario/a bloody
Santiago Saint James
santidad f. sanctity, holiness
santificar (qu) to sanctify
santo/a saint
santuario sanctuary
saquear to pillage, loot
satélite m. satellite; suburb
satisfacer *irreg.* to satisfy
satisfecho/a satisfied

secar (qu) to dry
secreto secret
secuestrar to kidnap
sed f. thirst
seda silk
sede f. seat, headquarters
seducir (zc) to seduce
sefardí Sephardic Jew
en seguida at once
seguir (i, i) (g) to follow
seguridad f. safety
seguro/a sure, safe
seis six
selva jungle
semana week
sembrador(a) sower
sembrar (ie) to sow
semejante similar
semejar to resemble
semilla seed
sentido sense; meaning
sentimiento sentiment, feeling
sentir (ie, i) to feel
señalar to point, indicate
septiembre m. September
sepultado/a buried
sequía drought
ser *irreg.* to be
serenidad f. serenity
serie f. series
seriedad f. seriousness
serpiente f. serpent
serranía mountains
servidumbre f. servitude
servir (i, i) to serve
si if
sí yes
siempre always
sierra mountain
siete seven
sífilis f. syphilis
sigla seal
siglo century
significar (qu) to mean, signify
signo sign
símbolo symbol
simetría symmetry
simpatía sympathy
sin without
sincrético/a syncretic
sincretismo syncretism (*mixture of
   religious beliefs*)
sindicato/a union, syndicate
sino but
sinuoso/a sinuous, winding
siquiera even; ni siquiera not even
sirena siren
sirviente m., f. servant
sistema m. system
sitio site

situar (ú) to situate
situado: estar situado/a to be
   located
soberanía sovereignty
soberano/a sovereign
sobre on, on top of
sobrenatural supernatural
sobresalir *irreg.* to stand out
sobrevivir to survive
socio/a associate, colleague
sol m. sun
solamente only
soldado/a soldier
soledad f. loneliness
soler (ue) to be accustomed to
solitario/a solitary
solo/a lonely, alone
sólo only
soltar (ue) to loose, loosen
sombra shadow
sombrío/a sombre
someter to submit
sometido/a subjected
son m. sound; Cuban dance
sonar (ue) to ring, sound
sonriente smiling
sonrisa smile
soñador(a) dreamer
soñar (ue) to dream
soportar to endure, support
sordo/a deaf
soroche m. mountain sickness
sorprender to surprise
sorpresa surprise
sospechoso/a suspicious
sostén m. sustenance, support
sostener *irreg.* to sustain, maintain
soviético/a Soviet
su his/her/your/their
suave soft
súbdito/a subject (of a ruler)
subir to rise, go up
súbitamente suddenly
sublimir to sublimate
subrayar to underline, emphasize
subsiguiente subsequent
subsuelo subsoil
subterráneo/a subterranean
suceso event
sucinto/a succinct
sucumbir to succumb
suelo floor
suelto/a loose
sueño dream; sleep
suerte f. luck; de tal suerte in such
   a way
suficiente enough, sufficient
sufragio suffrage
sufrimiento suffering
sufrir to suffer

sujeción *f.* subjection
sumar to add
suntuoso/a sumptuous
superficie *f.* surface
superioridad *f.* superiority
superpotencia superpower
supervivencia survival
suplir to supply, replace
supremo/a supreme
suprimir to suppress
supuesto/a supposed; **por supuesto** of course
sur *m.* south
suramericano/a South American
sugerir (ie, i) to suggest
surgir (j) to spring up, appear
suspirar to sigh

T

tabaco tobacco
tablado stage, platform; flamenco dance show
tablero (bulletin) board
taconeo heel tapping
tal such (a)
tamaño size
también also, too
tampoco neither
tan so, as
tanque *m.* tank
tanto/a so much; **por lo tanto** therefore
tarde *f.* afternoon
tauromaquia bullfighting
te deum Latin hymn in mass
té *m.* tea
techo roof, ceiling
tedio tedium
telón *m.* theater curtain
tema *m.* theme
temblar (ie) to tremble, shake
tembloroso/a trembling
temer to fear
temor *m.* fear
templo temple
temporada season
temprano/a early
tender (ie) to tend
tener *irreg.* to have; **tener lugar** to take place
tentador (tentadora) temptor/temptress
tercer, tercero/a third
terminar to finish
término end; term, period
terrateniente *m., f.* landholder
terraza terrace
terremoto earthquake
terrenal earthly
terreno land, property

terrestre earthly, terrestrial
tesoro treasure; treasury
testarudo/a stubborn, obstinate
testigo *m., f.* witness
tiempo time; weather
tienda store; **tienda de campaña** tent
tierra earth; world; **tierra de nadie** no-man's land
tipo type, kind
tira strip
tiranía tyranny
tirar to throw, throw away
título title
tocar (qu) to touch; to play (*a musical instrument*)
tocino bacon
todavía still
todo/a all
tomar to take; to drink
tomate *m.* tomato
toparse con to run into, chance upon
toque *m.* touch; shock
torero/a bullfighter
tormenta storm
torno turn
toro bull
torre *f.* tower
torreón *m.* fortified tower
torturar to torture
trabajador(a) worker
trabajar to work
trabajo work
traducir (zc) to translate
traductor(a) translator
traer *irreg.* to bring
trágico/a tragic
traición *f.* betrayal, treason
traidor(a) traitor
traje *m.* suit; **traje de luces** *m.* bullfighter's outfit
trampa trap
tránsito traffic; transit
transmisible transmittable
tras after, following
trasiego *m.* moving
trasladar to move, transfer
traslado transfer
tratado treaty
tratar to deal with; **tratar de** to try
trato treatment
través: a través de through
trazar (c) to trace
tregua truce
treinta thirty
trepidar to tremble
tres three
trescientos three hundred
tribu *f.* tribe

tributar to pay tribute
tributo to tribute
trigo wheat
triste sad
triturar to grind, crush
trompeta trumpet
trono throne
tropa troop
trovador(a) troubador
tú you (*sing. familiar*)
tu your (*sing. familiar*)
tumba grave, tomb
turco/a Turk

U

ubérrimo/a very fertile
ufano/a proud, disdainful
último/a last
ultramar, *m.* overseas
un, uno/a a, an; one
único/a only; unique
unidad *f.* unity; unit
unido/a united
unificar (qu) to unify
unir to unite; **unirse (a)** to join
uña fingernail; toenail
urgir (j) to urge
usted you (*sing. formal*)

V

vacío/a empty
vacuidad *f.* vacuity, emptiness
valeroso/a brave
valiente brave
valioso/a valuable
valor *m.* courage; worth
valle *m.* valley
vasco/a Basque
veces: a veces occasionally, sometimes
vecino/a neighbor
veinte twenty
vela veil
veloz rapid, swift
vena vein
vencer (z) to conquer
vencido/a conquered
vendedor(a) salesperson
vender to sell
vengador(a) *n. m., f.* avenger; *adj.* vengeful
venganza vengeance, revenge
vengarse (gu) to avenge
venir *irreg.* to come
ventaja advantage
ventana window
ver to see
verano summer
verbalizar (c) to verbalize
verdad *f.* truth

verdadero/a truthful, true
verde green
verdugo hangman, executioner
vergonzoso/a shameful
vestirse (i, i) to get dressed
veta vein, seam, streak
vez *f.* time (occasion)
vía *n.* way, road; *prep.* by way of;
    vía láctea Milky Way
viaje *m.* trip, voyage
viajero/a traveler
víctima *m., f.* victim
vida life
viejo/a old
viento wind
vientre *m.* womb
vietnamita *m., f.* Vietnamese
vigente valid
vincular to link
vino wine
viña vineyard
violar to violate; to rape
viraje *m.* turn, bend; turning point
virreinal *adj.* viceregal
virreinato viceroyalty
virrey *m.* viceroy
virtud *f.* virtue
visigodo/a Visigoth
visitar to visit
vista sight, view
viuda widow
vivir to live
vivo/a alive; lively
volcán *m.* volcano
volcánico/a volcanic
volcanizar (c) to volcanize
voltear to turn (over)
voluntad *f.* will
volver (ue) to return, come back;
    volverse (ue) to become, turn
    into
vómito vomit
voz *f.* voice; en voz alta aloud, out
    loud
vuelta return; bend, turn; dar la
    vuelta to turn; dar una vuelta to
    take a walk

X
xitomatl *m.* tomato (*Náhuatl*)

Y
yacer (zc) to lie

Z
zanja ditch
zapatismo Zapata movement
zapato shoe
zapoteca *n. m., f.; adj.* Zapotecan
zarpar to set sail
zorro/a fox